Dr. Jean-Jacques Charbonier

7 Gründe für ein Leben nach dem Tod

vianova
Verlag Via Nova

Dr. Jean-Jacques Charbonier

7 Gründe für ein Leben nach dem Tod

Wissenschaftliche Studien
eines Mediziners

Verlag Via Nova

Übersetzung aus dem Französischen:
Ulrike Kraemer

Originaltitel:
Les 7 bonnes raisons de croire à l'au-delà:
Le livre à offrir aux sceptiques et aux détracteurs

---

1. vollständig überarbeitete Taschenbuchauflage 2020
4. Auflage gesamt
Verlag Via Nova, Alte Landstr. 12, 36100 Petersberg
Telefon: (06 61) 6 29 73
Fax: (06 61) 96 79 560
E-Mail: info@verlag-vianova.de
Internet: www.verlag-vianova.de
Umschlaggestaltung: Guter Punkt, München
© Hans F. Meier / Relaxfoto.de
Satz: Sebastian Carl, Amerang
Druck und Verarbeitung: C.H. Beck, 86720 Nördlingen

ISBN 978-3-86616-478-9

„Jedes Mal, wenn jemand die Dinge
auf eine neue Art und Weise betrachtet,
sehen die Menschen nicht das, was er ihnen zeigt."

MARCEL PROUST, DER WEG NACH GUERMANTES

— ● —

„Wenn man Recht hat,
ist es schwierig zu beweisen,
dass man nicht Unrecht hat."

PIERRE DAC, ARRIÈRE-PENSÉES

Für Leo und Gabriel

Inhalt

Vorwort

Dieses Buch sollte eine Pflichtlektüre für alle sein! In zehn oder fünfzehn Jahren wird das, was Dr. Charbonier heute unter Beweis stellt, nämlich das Überleben des Bewusstseins nach dem Tod, wahrscheinlich eine Selbstverständlichkeit sein. Doch zum jetzigen Zeitpunkt ist er der Einzige, der – gestützt auf die Wissenschaft – den Mut hat, den Beweis dafür mit enorm großer Klarheit zu führen, obwohl er von Materialisten, Zweiflern und Skeptikern aller Art heftigen, teilweise persönlichen Angriffen ausgesetzt ist. In einem sehr anschaulichen Stil geschrieben und leicht zu lesen, zeigt uns Dr. Jean-Jacques Charbonier, wie wichtig es ist, unsere Sicht auf den Tod unter Berücksichtigung der neuesten wissenschaftlichen Erkenntnisse zu überdenken. In diesem Buch erfahren Sie, dass dank der über die letzten fünfunddreißig Jahre in zahlreichen wissenschaftlichen Studien gewonnenen Daten die Hypothese eines Lebens nach dem Tod heute besser überprüft ist als die entgegengesetzte Hypothese der Materialisten, dass es nach dem Tod nichts gibt. Das zeigen schon allein der Fall von Pamela Reynolds und die Art und Weise, in der Dr. Jean-Jacques Charbonier die unbegründeten Einwände der Materialisten widerlegt. Dieser Fall allein beweist (ich sage bewusst „beweist"), dass das Bewusstsein vom Gehirn unabhängig ist und dessen Tod überlebt. Das Buch von Dr. Charbonier könnte auch den Titel des Buches *The End of Materialism* des Wissenschaftlers Charles Tart tragen. Tatsächlich genügt es, die offen gelegten Fakten mit einem Mindestmaß an Vernunft zu betrachten: Zweifel ist nicht mehr angebracht, der Materialismus ist definitiv bezwungen, es gibt durchaus ein Bewusstsein, das nach dem Tod des Körpers weiterlebt.

Mein Fachkollege schlägt den Begriff der *Erfahrung des vorläufigen Todes* vor, der aus seiner Sicht wesentlich besser geeignet ist als die gemeinhin in der Literatur verwendeten Begriffe der *Nahtoderfahrung* (im englischen Sprachraum als *near-death experience* bzw. NDE bezeichnet), der *Erfahrung an der Grenze des Todes* oder der *Erfahrung des bevorstehenden Todes*. Wie er zutreffend erklärt, ist „jemand, der einen Herzstillstand erlitten hat, weder dem Tod nahe noch an der Grenze des Todes noch im Zustand der Erfahrung des bevorstehenden Todes. Er ist bereits tot und das oft seit etlichen Minuten!" Manche Menschen behaupten, meiner Meinung nach zu Unrecht, dass die Nahtoderfahrung „vergleichbar ist mit dem Aufenthalt in der Abflughalle eines Flughafens: Man sitzt noch nicht im Flugzeug und kennt deshalb das endgültige Ziel nicht." Es scheint im Gegenteil alles darauf hinzudeuten, dass man bei einer Nahtoderfahrung tatsächlich ins Flugzeug steigt und im Land der Toten ankommt, von dort aber zurückkehrt, weil man anders als beim normalerweise irreversiblen Tod das Glück hatte, ein Rückflugticket zu besitzen. Dieser praktische Leitfaden handelt also vom Tod und davon, was nach dem irdischen Leben geschieht. Sie haben gewissermaßen einen „Reiseführer für das Jenseits“ erworben, eine Möglichkeit, sich auf Ihren eigenen Übergang oder den Übergang Ihnen nahestehender Menschen vorzubereiten, damit Sie diese „letzte Reise“ genießen können.

Menschen, die mit dem Tod in Berührung gekommen sind, sagen, dass das, was sie erfahren haben, „realer als die Realität“ ist und dass sich Zweifel an der Existenz des Jenseits für sie nicht mehr stellen. Sie haben keine Angst mehr vor dem Tod und ihre spirituelle Transformation in den Jahren nach ihrer Erfahrung ist zudem ein wichtiges Argument für die Authentizität ihres Kontakts mit einer anderen Realität. Wie Professor Kenneth Ring gezeigt hat, kann sich der auf lange Sicht positive Einfluss einer Nahtoderfahrung auf das Leben der Menschen, die sie erlebt haben, wie ein positives Virus auf die Menschen übertragen, die deren Erfahrungsberichte lesen. Mit dem Buch, das Sie in Händen halten, werden Sie sich, so glaube ich, ebenfalls mit diesem Virus infizieren, das Ihr Leben verändern wird. Langfristig wird es dafür sorgen, dass Humor, Liebe und Freude Ihren Alltag bestimmen. Schließlich ist es sehr viel leichter, uns im Leben zu entspannen, wenn wir wissen, dass es nach dem Tod des Körpers weitergeht und dass wir nur die wesentlichen Dinge ins Jenseits mitnehmen, nämlich unser Bewusstsein, unser Wissen, unsere Liebesfähigkeit und die Verbundenheit zu den Menschen, die wir lieben.

Ich möchte dieses Vorwort mit den tief empfundenen Worten beenden, denen ich unmittelbar im Anschluss an die

Lektüre dieses Buches in einer E-Mail spontan Ausdruck verliehen habe:

Lieber Herr Kollege,
ich habe soeben die Lektüre Ihres Buches beendet: welch brillantes, klares und überzeugendes Werk! Ich bin ganz sicher, dass es zu einem Nachschlagewerk werden wird, das den Geist der Menschen öffnet und ihr Herz berührt. Ich bewundere die Selbstverständlichkeit, mit der Sie die Fakten darlegen, die zahlreichen beeindruckenden Erfahrungsberichte aus „erster Hand", und mit welcher Mühelosigkeit Sie die Argumente Ihrer (unserer) materialistisch denkenden Gegner widerlegen, so durchschaubar in der Naivität ihrer Unwissenheit. Bravo und vielen Dank, denn die Lektionen über den Tod lehren uns, besser zu leben!

Dr. Olivier Chambon
Psychiater, Psychotherapeut,
Autor von *La médecine psychédélique*[1]
und Co-Autor von *Le chamane et le psy*[2]

---

1 Les Arènes, 2009.
2 Mamaéditions.com, 2010, mit Laurent Huguelit.

Einführung

Oft fragen mich Menschen: „Herr Doktor, Sie sagen, Sie seien überzeugt von der Existenz eines Jenseits, aber können Sie mir einen einzigen guten Grund nennen, um es zu beweisen?“ Eine andere häufige Frage lautet: „Ich weiß, dass Sie mehrere Bücher über das Leben nach dem Tod geschrieben haben. Ich möchte sehr gerne ein Buch verschenken, das weder mit medizinischen Fachausdrücken überfrachtet noch zu kompliziert zu lesen ist; es ist für jemanden, der für diese Dinge nicht besonders offen ist und noch nie etwas darüber gelesen hat. Welches können Sie mir empfehlen?“

Dies sind die beiden wiederkehrenden Fragen, die mich zu diesem Buch motiviert haben. Ich wollte den Text so einfach und so prägnant wie möglich halten, um einer nichtfachmännischen Leserschaft alle Antworten auf die klassischen Fragen zu geben, die von Laien, aber auch und vor allem von den vielen Skeptikern und materialistisch denkenden Kritikern gestellt werden, die mich per Post oder über die Medien kontaktieren.

Ich habe nach den besten Argumenten gesucht, um für die Existenz eines Lebens nach dem Tod zu plädieren, und habe sieben gefunden: sieben leider zu wenig bekannte Phänomene, die von vielen bestritten werden und dennoch unwiderlegbar sind; sieben verblüffende Beweise, denen kaum etwas entgegengehalten werden kann. Für jedes Argument habe ich auch den Gegnern das Wort erteilt, um die Schwachstellen in ihrer Dialektik aufzudecken und zu zeigen, dass sie der Logik einer strengen und objektiven Analyse nicht standhalten können.

Der Glaube an ein Leben nach dem Tod verändert das Leben; materielle Werte verblassen und stehen nicht mehr länger an erster Stelle; die Angst vor dem Tod verschwindet; Glück wird zum Synonym für Liebe und Spiritualität und scheint deshalb wesentlich leichter erreichbar. In dieser vom Geld beherrschten Welt scheint der Wunsch, anderen Menschen seine Liebe zu schenken, um besondere Momente tiefer Begegnung – beispielsweise bei einem einfachen Spaziergang in der Natur oder bei einem spontanen Gespräch mit einem nahestehenden Menschen oder einem Unbekannten – zu erfahren, tatsächlich seltener zu sein als das Verlangen, egoistisch materiellen Reichtum anzuhäufen, während man alles andere vernachlässigt. Und das ist mit Sicherheit der Grund, warum es in unserer westlichen Gesellschaft so viele unglückliche Menschen gibt; man spricht nicht mehr miteinander und das Meditieren in der Stille wird mit Zeitverschwendung gleichgesetzt!

Wir werden sehen, dass die transzendente Veränderung in Bezug auf den Glauben an ein Leben nach dem Tod bei

18 % der Menschen eintritt, die einen Herzstillstand erlitten haben, und bei allen, die aufrichtig an Gott glauben.

Der Glaube an ein Leben nach dem Tod fördert darüber hinaus die Gesundheit, und die positive Auswirkung, die Glaube und Gebet auf Krankheiten haben, hat die Aufmerksamkeit zahlreicher Mediziner auf sich gezogen. Eine im Nachrichtenmagazin *Newsweek* vom 10. November 2003 veröffentlichte Umfrage zeigt, dass der Glaube an Gott die Stimmung hebt und dazu beiträgt, dass Menschen sich leichter und rascher von einer schweren Erkrankung erholen. Laut derselben Studie glauben 72 % der Amerikaner, dass das Gebet die Heilung unterstützt, weil es eine frühe Wiederherstellung begünstigt. Sowohl die Praxis an der *Rush University* in Chicago als auch die an der *University of Michigan* durchgeführten Untersuchungen haben gezeigt, dass Depressionen und stressbedingte psychosomatische Erkrankungen bei gläubigen Menschen weniger häufig auftraten, während die Sterblichkeitsrate bei jungen Erwachsenen um 25 % sank, wenn sie an ein Leben nach dem Tod glaubten. Die *Duke University* in North Carolina fand heraus, dass die Sterblichkeitsrate bei herzkranken Menschen im ersten Jahr nach einem schweren operativen Eingriff um 30 % sank, wenn sie regelmäßig beteten.

Diese wissenschaftlichen Studien bestätigen in der Tat lediglich das, was wir bereits seit vielen Jahren ahnen: Der Glaube an die Existenz eines Jenseits erhöht die Lebenserwartung, weil er die Stimmung hebt und gleichzeitig die enorm großen Auswirkungen reduziert, die Stress, Angst und Furcht auf den Körper haben.

Möge dieses Plädoyer für ein Leben nach dem Leben dazu beitragen, die Leser in dem Sinne zu verwandeln, dass es ungeachtet der mitunter grausamen und schmerzhaften Momente des Daseins die Pforten zu wahrer Gelassenheit und besserer Gesundheit öffnet.

Hinweis

Alle nachfolgenden Erfahrungsberichte sind authentisch; sie wurden mir persönlich entweder in schriftlicher Form zugesandt oder während einer Unterredung anvertraut. Auf Wunsch einiger Betroffener habe ich gelegentlich fiktive Namen verwendet und sämtliche Hinweise entfernt, die eine Identifizierung dieser Personen ermöglichen würden. Um diese Absicht zu unterstreichen, habe ich mich außerdem dazu verpflichtet, im Buch lediglich Auszüge der erhaltenen Berichte wiederzugeben.

ERSTER GRUND
Sechzig Millionen vom Tod zurückgekehrt

„Wenn man überzeugt ist,
dass etwas nicht existiert,
sieht man es auch nicht.“

Ervin Lászlo, INREES, Paris, 25. Mai 2011

Direkt nach meinem Herzstillstand bin ich aus meinem Körper herausgetreten. Ich befand mich an der Zimmerdecke und habe alles gesehen; ich habe alle Einzelheiten meiner Reanimation mitbekommen. Ich wollte die Leute, die versuchten, mich ins Leben zurückzuholen, anschreien, dass sie mich in Ruhe lassen sollten, dass sie mich gehen lassen sollten, aber sie konnten mich nicht hören. Mir ging es wunderbar und ich verspürte überhaupt nicht den Wunsch, in meinen Körper zurückzukehren. Dann habe ich einen Tunnel durchquert. Ich badete in einem Licht aus bedingungsloser Liebe und hatte Glücksgefühle von unbeschreiblicher Stärke. Ich habe mein ganzes Leben in allen Einzelheiten noch einmal im Zeitraffer gesehen. Ich bekam die guten und die schlechten Dinge zu spüren, die ich anderen Menschen angetan hatte. Ich begegnete einer Lichtgestalt von unendlicher Güte, die mich fragte, was ich aus meinem Leben gemacht hatte und was ich für andere Menschen getan hatte. Meine verstorbenen Eltern erschienen, um mich zu begrüßen und mir zu sagen, dass ich in meinen Körper zurückkehren müsse, weil ich leider nicht bei ihnen bleiben könne, auch wenn ich mich so sehr danach sehnte. Sie haben mir eine Grenze gezeigt, die ich nicht überschreiten durfte. In dem Moment, in dem ich in meinen Körper zurückkehrte, fühlte ich alle meine irdischen Schmerzen wieder und ich war schrecklich traurig, dass ich dieses wunderbare Licht verlassen musste. Jetzt bin ich sehr glücklich, denn ich weiß, dass es ein Leben nach dem Tod gibt und dass ich eines Tages wieder in diesem Licht der Liebe stehen werde. Ich weiß auch, dass es in der Welt nichts Wichtigeres gibt, als andere Menschen zu lieben und ihnen zu helfen. Diese Erfahrung hat mein Leben grundlegend verändert. Nichts wird jemals wieder so sein, wie es war.

Die Reisen ins Jenseits

Im Laufe der fünfundzwanzig Jahre, in denen ich Menschen reanimiert habe, konnte ich mehrere hundert Erfahrungsberichte von Patienten sammeln, die klinisch tot waren und zurückgekehrt sind. Die obigen Zeilen stellen eine verdichtete Synthese der unterschiedlichen Berichte dar, eine Art Resümee, das die Hauptmerkmale dieser einzigartigen Reisen ins Jenseits zusammenfasst. Die Abfolge der beschriebenen Ereignisse ist nahezu immer gleich und unabhängig von Kultur, Weltanschauung, Wohnort oder Religion.

Es gibt keinen vorhersagbaren Faktor für diese Erfahrung. Weder aus dem Alter noch aus dem Geschlecht, der gesellschaftlichen Schicht oder den Überzeugungen eines Menschen lassen sich besondere Veranlagungen für dieses außergewöhnliche Ereignis ableiten. Dennoch gleicht keine Geschichte wirklich der anderen, weil jeder seine Erfahrung im Kontext der eigenen Kultur und Gefühlswelt zum Ausdruck bringt. Allerdings deuten die vielen wiederkehrenden Elemente, die ich zusammentragen konnte, darauf hin, dass die Reiseroute fast immer gleich ist. Es ist so, als ob man einen jungen Eskimo, eine ältere Amerikanerin und einen Senegalesen in den Fünfzigern bitten würde, eine Reise nach Venedig zu schildern. Ihre jeweiligen Geschichten würden sich stark voneinander unterscheiden, aber insgesamt würde man rasch merken, dass alle drei dieselbe Stadt besucht haben. Ein Kind, das einen Herzstillstand erlitten hat, sagt beispielsweise, es habe einen „großen Mann, der von allein leuchtete“ gesehen, um die Lichtgestalt zu beschreiben. Die einen begegnen Jesus Christus, die anderen Buddha, der Jungfrau Maria oder dem Propheten Mohammed. Die im Licht wahrgenommene göttliche Gestalt verwandelt sich je nach Glauben und Religion. Ein Element findet sich in allen Beschreibungen wieder: Für diejenigen, die diese Erfahrung gemacht haben, geht das Leben nach dem Tod weiter.

Das Jenseits existiert. Sie sind davon zutiefst überzeugt und nichts und niemand kann ihre Meinung ändern. Einer von ihnen hat mir einmal gesagt:

> *Auch wenn es einem Wissenschaftler gelänge, durch A plus B zu beweisen, dass meine Erfahrung nur eine Halluzination war, würde ich ihm nicht eine Sekunde glauben, weil ich ganz tief davon überzeugt bin, dass das, was ich an diesem Tag erlebt habe, völlig real war. Es hatte nichts mit einem Traum oder einer Halluzination zu tun!*

Den jüngsten statistischen Erhebungen[3] zufolge haben mindestens 60 Millionen Menschen diese transzendente Erfahrung nach einem Herzstillstand gemacht: 4 % der westlichen Bevölkerung (2,5 Millionen Franzosen, 12 Millionen Amerikaner), wesentlich weniger in den Regionen der Welt, in denen es kaum Möglichkeiten zur Reanimation gibt. Man kann getrost davon ausgehen, dass sich die Berichte mit zunehmender Alltäglichkeit solcher Geschichten und der Entwicklung automatischer Defibrillatoren rasch vervielfachen werden.

Bei einem kleineren Prozentsatz der Fälle kommt es auch vor, dass Abstecher ins Jenseits als weniger positiv und fantastisch erlebt werden. Michel Garant hat beispielsweise eine schreckliche Erinnerung an das, was er 1997 bei einer notfallmäßig durchgeführten Bypass-Operation in der Nar-

---

3 Gallup Institute 1993, US News and World Report 1997, INA Schmied 1999.

kose erlebt hat. Sein Bericht bringt die negativen Aspekte seiner Erfahrung sehr deutlich zum Ausdruck. Es wurden mehrere Studien durchgeführt, um zu verstehen, warum manche Menschen während einer Nahtoderfahrung eher mit der Hölle als mit dem Himmel in Berührung kommen, aber auch hier konnten wiederum keine vorhersagbaren Faktoren abgeleitet werden. Hier folgt sein Bericht:

Man weiß nie, was geschieht, wenn man den Spiegel durchquert.

Der Dichter hat geschrieben: „Ich habe oftmals einen seltsamen und eindringlichen Traum …“ Dieses und andere Gedichte begleiteten mit ihrer Musik die Rollgeräusche der Trage, die mich in den Operationstrakt brachte …

Was würde ich träumen?

Die blendenden Strahler, die Arme gekreuzt, die grünen Engel, die um den Opferaltar wirbeln …

Wie den Pelikan im Gedicht würde man meinen Körper aufreißen bis zu den Eingeweiden, bis zum Herzen, das bis zum Hals schlug!

Eine Stimme sagt: „Machen Sie eine Faust. Ich werde Ihren Arm abdrücken, um eine gute Vene zu finden, und dann hineinstechen. Sie werden nichts spüren. Dann zählen Sie.“

Ich spürte ein leichtes Brennen in der Vene meines linken Arms und begann zu zählen: eins, zwei, drei, vier, fünf, dann das Versinken ins weiche, watteartige, angenehme Nichts ... Leere, Abwesenheit, Nebel. Ich weiß nicht, wie lange meine gefühllose Irrfahrt dauern wird ...

Ich erwachte plötzlich, winzig und nackt, innen noch mehr als außen ein Gefühl von Eiseskälte. Ich fand mich an eine Mauer gepresst, schwindelerregend, ohne oben und unten, ohne Anfang und ohne Ende. Mein ganzer Horizont bestand aus dieser körnigen, sandfarbenen Mauer, gegen die mich eine unbekannte Kraft presste, mich erdrückte, mich zermalmte ... Ich hatte Angst, ich war allein, weit weg von allem, weit weg von der Welt, weit weg vom Lärm, allein, ein winziger nackter Säugling in einer eisigen Stille ... Mir war kalt, so kalt. Dann spürte ich entsetzt, wie die grauenvolle Mauer sich bewegte, kippte und mich in die Leere zog ... Ich würde ins absolute Grauen stürzen ... Das war also ... der TOD ... oder die HÖLLE ...

Aber nein, ich kam in meinem Körper aus Eis wieder zu Bewusstsein. Ich hörte Geräusche um mich herum. Sie waren so beruhigend, diese Geräusche ... Engelsstimmen, die sagten: „Er wird aufwachen ...“ Mir war kalt, so kalt, ich wollte, dass man mich mit einer warmen Decke zudeckte, aber ich steckte in einer Rüstung aus Eis, in einem Körper, der nicht auf mich reagierte und mir nicht mehr gehorchte.

Warum hatte man mich in diesem leblosen Körper eingesperrt, der mein Gefängnis war?

Ich wollte das Laken zerreißen, auf dem ich lag, aber unmöglich, auch meine Hände waren aus Eis …

Schließlich konnte ich sprechen: „Mir ist kalt ...“

Der nachfolgende Auszug aus dem Erfahrungsbericht von C. L., der aus Gründen der Diskretion anonym bleiben möchte, ist ein perfektes Beispiel dafür, wie eine während eines Herzstillstandes gemachte Höllenerfahrung aussehen kann.

Ich war an der Zimmerdecke und beobachtete, wie der Anästhesist bei mir eine Herzmassage durchführte, während der Chirurg ihn fragte, was er tun müsse. Ich erkannte meinen Körper auf dem Operationstisch, aber er kam mir wie ein fremder Körper vor, der mir bereits nicht mehr gehörte. Ich war von vielen Menschen umgeben, die versuchten, mich zu reanimieren. Dann trat ich in eine Art dunklen Konus ein, der sich spiralförmig drehte, und eine sehr starke Strömung trug mich bis zum Ende dieses Trichters. Unterwegs sah ich zerfurchte, grimmige Gesichter, sie schienen Menschen zu gehören, die ganz entsetzlich litten. Je tiefer ich in diesen immer enger werdenden Zylinder hinabtauchte, umso größer war das Leiden der Menschen, die ich sah. Sie schrien, aber kein Laut kam aus ihren Mündern. Es war entsetzlich. Auch ich konnte ihr Leiden spüren […] Als ich schließlich vor dieser riesigen Flamme stand, dachte ich zuerst, ich sei in der Hölle angekommen und würde sofort verbrannt werden. Aber die Flamme begann auf eine sonderbare Art zu tanzen. Sie hüllte mich ein und fragte mich, auf welche Weise ich anderen Menschen geholfen hätte. Ich wusste keine Antwort. In diesem Moment wurde mir bewusst, dass mein bisheriges Leben nur eine Abfolge kleinerer Diebstähle und jämmerlicher Betrügereien gewesen war. Ich war nur darauf bedacht gewesen, mich durch Diebstahl zu bereichern, und hatte andere Menschen verachtet. Ich war sehr unglücklich, denn ich hatte niemandem geholfen, vor allem nicht mir selbst. Meine Nahtoderfahrung hat mich begreifen lassen, dass man nur dann glücklich sein kann, wenn man anderen Menschen hilft. Das tue ich jetzt. Außerdem hat sie mir die Gabe geschenkt, mit den Händen zu heilen. Ich habe nach meiner Rückkehr ins Leben spontan damit begonnen. Ich heile kostenlos und es funktioniert. Meine Freunde erkennen mich nicht wieder, weil ich das war, was man einen Geschäftsmann nennt, der nur ans Geld dachte, und jetzt habe ich alles aufgegeben und bin vor allen Dingen vollkommen frei. Ich habe keine Angst vor dem Tod, denn ich weiß, dass ich gute Taten vorweisen kann, wenn ich einst wieder vor Gott stehe. Die Lehre, die ich aus dieser Erfahrung gezogen habe, ist, dass man nur dann wirklich glücklich sein kann, wenn man anderen Menschen hilft, und sei es nur, die Straße zu überqueren.

Djohar Si Ahmed ist Psychoanalytikerin und Doktor der Psychopathologie. Sie befasst sich seit langem sehr intensiv mit veränderten Bewusstseinszuständen und telepathischen Phänomenen und zählt zu den wenigen Wissenschaftlern, die auch die geistige Dimension in die verschiedenen Therapieformen einbeziehen. Auf die Frage, was sie von diesen Höllenerfahrungen hält, erklärt sie:

> *Eine positive Nahtoderfahrung ist ein Zustand bemerkenswerter Selbstverliebtheit, ein Zustand der Verschmelzung in einer absoluten Liebe, in einem quasi umfassenden Selbstverständnis. Eine negative Nahtoderfahrung ist dagegen letztlich eine positive Erfahrung: Was wunderbar war, wird diabolisch, was schön war, wird grauenvoll und angsteinflößend, was lichtvoll war, wird dunkel, das Paradies wird zur Hölle. Die größte Schwierigkeit für Menschen, die eine negative Nahtoderfahrung gemacht haben, besteht darin, darüber zu sprechen, weil große Schuldgefühle im Spiel sind. Wenn andere Menschen eine so wunderbare Erfahrung gemacht haben und man selbst eine so grauenvolle Reise erlebt hat, muss man ein Ungeheuer sein! Deshalb ist es enorm wichtig, die Menschen über dieses Thema zu informieren, damit sie diese Erfahrung integrieren können.*

Ich habe viele Gespräche mit Menschen geführt, die infolge eines Herzstillstandes unangenehme Erfahrungen gemacht haben. Sie sind noch weniger bereit, darüber zu berichten, als diejenigen, die wunderbare und unaussprechliche Glücksgefühle erlebt haben. Es stimmt ja auch, dass es weder vorteilhaft noch ruhmreich ist, zu behaupten, man habe die Hölle kennengelernt! Dennoch habe ich festgestellt, dass die große Mehrheit dieser „Pechvögel" eine eher positive Erinnerung an das Abenteuer bewahrt hat. Vor allem haben sie keine Angst mehr vor dem Tod – was auf den ersten Blick paradox erscheinen mag, wenn man bedenkt, was sie in dem Moment erlebt haben, in dem plötzlich alles anders war –, sondern ihre negative Erfahrung vielmehr als Mahnung und Aufforderung aus dem Jenseits integriert, *ihr irdisches Verhalten zu ändern* und *andere Menschen zu lieben.* Sie glauben fest daran, dass sie durch eine grundlegende Änderung ihrer Lebensziele einen anderen Weg einschlagen werden als den, den sie bis zum Moment ihrer Nahtoderfahrung gegangen sind. Manche sagen sogar, dass sie dadurch ihren längst verlorenen Glauben an Gott wiedergefunden haben. In diesen Fällen werden die negativen Nahtoderfahrungen also eher als positive Lektion gesehen, die das Jenseits erteilt hat.

Die Erfahrung ist keine Halluzination

Die meisten Wissenschaftler behaupten auch heute noch, dass diese transzendente Erfahrung auf einem halluzinatorischen Phänomen beruht, erzeugt durch ein aufgrund von Sauerstoffmangel und Kohlendioxidüberschuss unterversorgtes Gehirn. Ohne für die Leser, die kein Medizinstudium absolviert haben, allzu sehr ins Detail zu gehen, möchte ich kurz erklären, dass diese Skeptiker vorbringen, ein Sauerstoffdefizit in einem unterversorgten Hinterhauptlappen des

Gehirns könne Lichtpunkte am Ende eines Tunnels erzeugen und Stoffwechselstörungen infolge langanhaltender neuronaler Hypoxie[4] könnten durch Aktivierung der Morphinrezeptoren intensive Glücksgefühle hervorrufen. Das Gefühl, den Körper zu verlassen, würde durch die Stimulation eines bestimmten Gehirnareals hervorgerufen: des Gyrus angularis. Ein zusammenhängender, aber dennoch völlig frei erfundener Bericht, der alle in der Erfahrung wahrgenommenen flüchtigen Empfindungen mit den vielfältigen Lebenserinnerungen integriert, würde dann spontan rekonstruiert, wenn das Gehirn seine Autonomie wiedererlangt.

Diese Erklärungen sind nicht hieb- und stichfest, weil man inzwischen sehr viel über diese Art von Erfahrungen weiß. Gehen wir ein wenig näher darauf ein.

Sauerstoffmangel und Kohlendioxidüberschuss

Wir wissen, dass Hypoxie und Hyperkapnie[5] bestimmte hinreichend typische Symptomkomplexe hervorrufen, zu denen verlangsamtes Denken, Reizbarkeit, Konzentrationsschwierigkeiten und Gedächtnisschwäche gehören, kurz gesagt, Verhaltensweisen, die in scharfem Gegensatz zu den Wahrnehmungen und der geistigen Klarheit von Menschen stehen, die eine Nahtoderfahrung gemacht haben.

---

4 Hypoxie: Sauerstoffmangel.

5 Hyperkapnie: Kohlendioxidüberschuss.

Pim van Lommel[6] hat über den sehr interessanten Fall eines Mannes berichtet, dessen Sauerstoff- und Kohlendioxidwerte im Blut genau in dem Augenblick gemessen wurden, in dem er infolge eines Herzstillstandes eine Nahtoderfahrung machte. Obwohl er vollkommen bewusstlos zu sein schien, „sah" der Patient deutlich, wie der Arzt die Nadel in seine Oberschenkelarterie einführte, um die Blutgase zu bestimmen. Die Ergebnisse dieser Untersuchung waren jedoch völlig normal. Es bestand weder eine Hypoxie noch eine Hyperkapnie. Die Tatsache, dass die Untersuchung im Moment der Nahtoderfahrung stattfand – da der Patient sich ja außerhalb seines Körpers befand und die Szene beobachtete –, zeigt, dass Nahtoderfahrungen keine Folge von Sauerstoffmangel oder Kohlendioxidüberschuss sind.

Das Bild eines von einem unterversorgten Hinterhauptlappen erzeugten Lichtpunkts

Hier wird ein Bild erzeugt, das dem verlöschenden Bild eines alten Röhrenfernsehers gleicht, bei dem die Intensität des Lichtpunkts stark zunimmt und dann allmählich schwächer wird, ehe der Punkt schließlich ganz verschwindet. Es reicht, Menschen zu fragen, die vom Tod zurückgekehrt sind, um sich darüber klar zu werden, dass der verlöschende Lichtpunkt eines Röhrenmonitors absolut nichts mit dem unbeschreiblichen Licht der Liebe gemein hat, das am Ende

6 Dr. Pim van Lommel ist ein niederländischer Kardiologe, der einen großen Teil seiner Zeit der Erforschung von Nahtoderfahrungen gewidmet hat.

eines Tunnels aufleuchtet. Dieses Licht ist ganz im Gegenteil von zunehmender Intensität und Bedeutung. Es erscheint nie in Form eines Lichtblitzes, der allmählich vergeht.

> *Am Ende des dunklen Korridors, in den ich mit unglaublicher Geschwindigkeit eintauchte, war dieses Licht, das stärker war als tausend Milliarden Sonnen und mich dennoch nicht blendete. Als ich mich ihm näherte, hüllte es mich vollkommen ein. Ich badete darin. Dieses Licht liebte mich. Es sprach telepathisch zu mir. Nie zuvor in meinem Leben bin ich etwas begegnet, das so mächtig und so von Liebe erfüllt war wie dieses göttliche Licht. (Auszug aus dem Bericht von Paul Brunet nach seinem Motorradunfall)*

Die Stimulation der Morphinrezeptoren im Gehirn

Dies kann tatsächlich Gefühle außerordentlichen Wohlbefindens vermitteln und ein bestimmtes Glücksgefühl erzeugen, nach dem morphiumsüchtige Menschen suchen. Meines Wissens hat ein Schuss Morphium – wie stark auch immer – allerdings noch nie ausgereicht, um das Leben eines Menschen so radikal zu verändern, wie es bei Nahtoderfahrungen der Fall ist. Tatsächlich kann man beobachten, dass dieses außergewöhnliche Abenteuer oft spektakuläre Umbrüche zur Folge hat: Scheidung, Umzug, Wechsel des Berufs, des Freundeskreises oder der Interessen. Wenn die Erfahrung vollständig integriert und akzeptiert wird, verbessern sich die Beziehungen zu anderen; die betroffenen Menschen werden liebenswerter und attraktiver; manche berichten davon, dass sie künstlerische, intuitive, mediale oder heilende Fähigkeiten entwickelt haben. Das sieht man bei einem morphiumsüchtigen Menschen eher selten!

Die Stimulation des Gyrus angularis

Dies bewirkt eine verschobene Wahrnehmung im Verhältnis zum eigenen Körper, eine *externe Selbstschau*, die einem Menschen die Illusion vermitteln kann, den eigenen Körper aus einer gewissen Entfernung zu betrachten.[7] Dieses reproduzierbare halluzinatorische Phänomen kann jedoch nicht mit dem Erleben während einer Nahtoderfahrung gleichgesetzt werden, denn einige Personen konnten nicht nur ihren Körper so beschreiben, als ob sie sich oberhalb oder in einer gewissen Entfernung zu ihm befunden hätten, sondern auch präzise Details wiedergeben, die sie ohne einen gewissen Abstand unmöglich hätten sehen können: eine unter dem Operationstisch verborgene Platte,[8] alle Handgriffe des medizinischen Teams während eines Herzstillstandes, die Schublade, in die hastig das Gebiss der reanimierten Person geräumt wurde,[9] das Kennzeichen eines Rasers, der glaubte,

---

7 Blanke O., Ortigue S., Landis T., Seeck M.: *Stimulating illusory own-body perceptions*. Nature, 2002, 419, S. 269-270. Blanke O., Landis T., Spinelli L., Seeck M.: *Out-of-body experience and autoscopy of neurological origin*. Brain, 2004, 127, S. 243-258.

8 Morzelle J.: *Tout commence après. Mes rencontres avec l'au-delà*. Châteauneuf-du-Rhône: CLC, 2007.

9 Van Lommel P., Van Wees R., Meyers V., Elfferich I.: *Near-death experience in survivors of cardiac arrest: a prospective study in the Netherlands*. The Lancet, Vol. 358, 2001.

einen Fußgänger tot zurückgelassen zu haben, während dieser alles „gesehen“ hatte.[10] Die Zahl ähnlicher Vorkommnisse ist so groß, dass es den Rahmen sprengen würde, sie alle aufzuzählen.

Die Rekonstruktion eines zusammenhängenden Berichts durch ein unterversorgtes Gehirn

Diese Behauptung kann nicht erklären, wie es manchen Personen gelingt, Situationen präzise zu beschreiben, die sich in großer Entfernung von ihrem Körper abgespielt haben: eine Operation, die in einem angrenzenden Operationssaal stattfindet, die Kleidung und die Körperhaltung von Personen in einem Wartezimmer,[11] die Anzahl der im Park eines Krankenhauses abgestellten Fahrräder[12] oder eine bestimmte Szene, die sich in einer mehrere Kilometer entfernten Wohnung abspielt. Diese Ereignisse vermitteln tatsächlich den Eindruck, als könne das Bewusstsein der reanimierten Personen durch Wände hindurchgehen und Ereignisse wahrnehmen, die sich nach eingehender Überprüfung als real erwiesen haben.

> *Während die Feuerwehrleute bei mir eine Herzmassage durchführten, verließ ich meinen Körper durch die Schädeldecke, ging durch die Wand des Opera-*

---

10 Charbonier J.-J.: *L'après-vie existe*. Châteauneuf-du-Rhône: CLC, 2006.

11 Blum J.: *La science devant la survie de l'âme*. Monaco: Éditions Alphée, 2010.

12 Morzelle J.: ibid.

tionstrakts und des Krankenhauses und begab mich zu meinen weinenden Eltern. Mein Bruder war ebenfalls dort und das hat mich sehr überrascht, denn er war schon lange mit Mutter und Vater zerstritten und hatte sich geweigert, sie zu sehen. Das Beste daran ist, dass, wie ich dann erfuhr, mein Bruder in diesem Moment gut zu meinen Eltern war. (Auszug aus dem Bericht von Geneviève Rodriguez)

Wie kann ein unterversorgtes Gehirn eine Begebenheit zusammenhängend rekonstruieren, deren Elemente ihm größtenteils unbekannt sind? Wo wäre in diesem Fall die Information zu finden? Wirklich naheliegend wäre es doch, die Existenz eines nichtlokalen Bewusstseins während der Nahtoderfahrung einzuräumen und bereitwillig einzugestehen, dass es keine logischere Erklärung gibt.

Die Begegnung mit Verstorbenen

Menschen begegnen während ihrer Nahtoderfahrung sehr häufig ihren Eltern oder Freunden, die bereits verstorben sind. Besonders verwirrend ist, dass sie in einigen Fällen zu diesem Zeitpunkt noch gar nichts vom Tod der betreffenden Menschen wussten. Sie erhielten die Bestätigung erst, nachdem sie zurückgekehrt waren![13] Diese außergewöhnliche Information kann eindeutig nicht mittels einer Halluzination weitergegeben werden.

---

13 Blum J.: *La science devant la survie de l'âme.* Monaco: Éditions Alphée, 2010, S. 67.

Noch verblüffender ist der Fall von Mathieu Meilleur, der während seiner Nahtoderfahrung einer Person begegnete, die er noch nie gesehen hatte. Einige Tage später zeigte seine Freundin ihm „zufällig“ ein Foto ihres ehemaligen Lebensgefährten, der bei einem Motorradunfall ums Leben gekommen war. Mathieu Meilleur erkannte in dem verunglückten Motorradfahrer sofort die Person wieder, die ihm während seiner Nahtoderfahrung begegnet war!

Nahtoderfahrungen bei blinden Menschen

Ein weiteres Argument, das die These halluzinatorischer Phänomene widerlegt, ist die Tatsache, dass Blinde in der Lage sind, visuelle Informationen in Zusammenhang mit ihrer Reanimation zu geben. Unabhängig davon, ob ihre Behinderung angeboren oder erworben ist, finden sie während der Nahtoderfahrung ihr Sehvermögen oder erlangen es zurück. Mehrere Wissenschaftler[14] haben sich mit dieser unbegreiflichen Leistung befasst, ohne eine Erklärung dafür zu finden. Wie ist es möglich, „ohne Augen“ zu sehen?

Wenn ich für Dokumentationen oder Fernsehberichte zu Nahtoderfahrungen interviewt werde, tritt im Anschluss an meinen Beitrag stets ein Kollege aus der Psychiatrie, Neurologie oder Intensivmedizin auf, der meinen Schlussfol-

---

14 Ring K., Cooper S.: *Near-death and out-of-body experiences in the blind: a study of apparent eyeless vision.* Journal of Near-Death Studies, Vol. 16, 1998. *Mindsight: Near-death and out-of-body experiences in the blind.* William James Center for Consciousness Studies (Hrsg.), 1999.

gerungen über die Hypothese eines nichtlokalen Bewusstseins widerspricht und die Hypothese halluzinatorischer Phänomene im unterversorgten Gehirn verteidigt. Es ist amüsant, dass der Journalist meinen kritischen Kollegen im Normalfall mit den Worten vorstellt: „Hören wir jetzt die Meinung eines Wissenschaftlers!“, obwohl der sogenannte Wissenschaftler das gleiche Studium absolviert hat wie ich und ich mich schon viel länger mit diesem Thema befasse. Man könnte fast glauben, dass ein Intensivmediziner, der die Existenz eines nichtlokalen Bewusstseins in Betracht zieht, für den betreffenden Journalisten kein Wissenschaftler sein kann!

Sie sind vom Tod zurückgekehrt!

Die Menschen, die diese Erfahrungen gemacht haben, sind tatsächlich vom Tod zurückgekehrt.

Der klinische Tod wird durch den Stillstand der Hirnfunktionen definiert. Dieser Zustand lässt sich im Elektroenzephalogramm durch das Fehlen elektrischer Aktivität objektiv darstellen. Das EEG weist eine Nulllinie auf. Wenn das EEG im Abstand von vier Stunden zweimal mindestens zwanzig Minuten lang eine – nicht durch Narkose (intravenös verabreichte Anästhetika) oder Hypothermie herbeigeführte – Nulllinie zeigt, gilt der klinische Tod als irreversibel. Unter diesen Bedingungen kann der Patient vom Beatmungsgerät getrennt oder es können Organe zur Spende entnommen werden. Tatsächlich stellt dieser Zustand aktuell die Grenze unserer Möglichkeiten in der Reanimation dar, aber es ist durchaus möglich, dass diese Grenze in einigen Jahrzehnten bereits völlig überholt sein wird. Man darf nicht vergessen, dass die Ärzte früherer Generationen keine Herzmassage durchführten, sondern sich damit begnügten, einen Totenschein auszustellen, sobald das Herz eines Menschen nicht mehr schlug.

Wir wissen heute, dass das EEG innerhalb von fünfzehn Sekunden nach einem Herzstillstand eine Nulllinie anzeigt. Angesichts der Tatsache, dass bei optimaler Überwachung – wie sie auf der Intensivstation einer Klinik gegeben ist – ein nicht abzukürzender Zeitraum von mindestens einer Minute benötigt wird, um Sofortmaßnahmen einzuleiten, kann davon ausgegangen werden, dass alle nach einem Herzstillstand wiederbelebten Personen klinisch tot waren. Hinzu kommen noch die abgeschieden auf dem Land lebenden Menschen, deren Herz nach erfolgter Intervention durch den nächstgelegenen Rettungsdienst erst nach einem wesentlich längeren Zeitraum wieder zu schlagen begonnen hat.

Unsere Studien haben gezeigt, dass ungefähr 18 %[15] der nach einem Herzstillstand reanimierten Personen von der zu Beginn des Kapitels beschriebenen wunderbaren Erfahrung berichtet haben. Die Begriffe der *Nahtoderfahrung* (im englischen Sprachraum seit den 1970er Jahren als *near-death experience* bzw. NDE bezeichnet), *Erfahrung an der Grenze des Todes* oder *Erfahrung des bevorstehenden*

15 Van Lommel P., Van Wees R., Meyers V., Elfferich I.: ibid. Greyson B.: *Incidence and correlates of near-death experiences in a cardiac care unit.* General Hospital Psychiatry, Vol. 25, 2003.

Todes sind demnach heute völlig überholt. Inzwischen ist es zutreffender, von der *Erfahrung des vorläufigen Todes* zu sprechen. Wenn ein Patient reanimiert wird, ist der klinische Tod tatsächlich bereits eingetreten, da zu Beginn der Herzmassage keine Hirnaktivität mehr vorhanden war. Jemand, der einen Herzstillstand erlitten hat, ist weder dem Tod nahe noch an der Grenze des Todes noch im Zustand der Erfahrung des bevorstehenden Todes. Er ist bereits tot und das oft seit etlichen Minuten!

Die Argumente meiner Kritiker kenne ich auswendig: „Diese Menschen waren nicht tot, denn sie sind ja zurückgekommen." Andere sagen: „Dass es keine nachweisbare elektrische Aktivität gibt, bedeutet nicht, dass das Gehirn nicht funktioniert. Vielleicht gibt es eine Restaktivität, die wir bisher noch nicht messen können!"

Der erste Punkt ist leicht zu beantworten. Der klinische Tod ist eindeutig definiert und wir haben inzwischen den objektiven Beweis dafür, dass innerhalb von weniger als einer Minute nach einem Herzstillstand auch keine nachweisbaren Hirnaktivitäten mehr vorhanden sind. Die Menschen sind aus dem Zustand des klinischen Todes ins Leben zurückgekehrt, weil ein Reanimationsteam sie zurückgeholt hat. Ohne Reanimation wäre das niemals geschehen! Auch wenn es vielen nicht gefallen mag, haben diese Menschen den Tod kennengelernt, und 18 % von ihnen berichten von einer in fast allen Punkten identischen Reise.

Was die nicht nachweisbare Restaktivität des Gehirns betrifft, so gibt es kaum etwas, das wir diesem Argument entgegenhalten können, aber selbst wenn wir ihm folgen, bleibt die Tatsache bestehen, dass es in keiner Weise erklärt, wie ein infolge eines Herzstillstandes unterversorgtes Gehirn in einen Bewusstseinszustand gelangen kann, in dem es leistungsfähiger ist als im gut funktionierenden Normalzustand und die Fähigkeit zur Telepathie, zur Fortbewegung durch Zeit und Raum oder zur Durquerung von Wänden besitzt.

Sechzig Millionen Menschen, die vom Tod zurückgekehrt sind, hätten also die Möglichkeit, uns das Leben nach dem Tod zu beschreiben. Unter diese vielen wunderbaren Berichte werden sich zwangsläufig natürlich auch die Geschichten von Spinnern oder Scharlatanen mischen, die sie als Einnahmequelle nutzen wollen. Es liegt an uns, sie mit äußerster Wachsamkeit, Umsicht und Urteilsfähigkeit zu erkennen. Da die wissenschaftlichen Beweise für ein Leben nach dem Leben ausschließlich auf Erfahrungsberichten beruhen, wird die größte Schwierigkeit darin bestehen, geeignete Werkzeuge zu finden, um möglichen Betrug aufzudecken.

Die meisten Mediziner glauben, das Gehirn sei eine Art von Drüse, die Bewusstsein in derselben Weise absondert, wie die Bauchspeicheldrüse Insulin produziert. Deshalb können sie sich einfach nicht vorstellen, dass in dem Moment, in dem das Organ seine Funktion einstellt, Bewusstsein überhaupt noch möglich ist. Der einmalige und unbestreitbare Fall, über den im nächsten Kapitel berichtet wird, beweist nachdrücklich das Gegenteil. Das außergewöhnliche Phänomen, das bei einer Operation am Gehirn beobachtet wurde, revolutioniert alle unsere Erklärungsmodelle über den Tod. Ein Bericht darüber wurde am 15. Dezember 2001 in der seriösen Fachzeitschrift *The Lancet*[16] veröffentlicht. Dieses Magazin hat nichts mit Esoterik zu tun, aber dennoch beweist der Artikel des Kardiologen Pim van Lommel, dass Bewusstsein und damit Leben auch nach einem erwiesenen Hirntod möglich ist. Allein diese Tatsache stürzt uns in einen Strudel von Gedanken darüber, was uns im Moment unseres Todes widerfahren kann.

---

16 Siehe auch: *Journal of Near-Death Studies*, Vol. 25, Nr. 4, 2007.

ZWEITER GRUND
Ein einmaliger, unbestreitbarer Fall

„Die Menschen sind so wenig gebildet,
dass ihre geistige Schwäche sie hindert,
das universelle Einssein aller Dinge
anzunehmen und zu verstehen."

AUGUSTINUS, DE ORDINE I, 2

Zweimal gestorben

Pamela Reynolds starb am 29. Mai 2010 im Alter von dreiundfünfzig Jahren, neunzehn Jahre nach ihrem ersten klinischen Tod, der von einem Chirurgenteam künstlich herbeigeführt worden war, um ein großes Aneurysma in ihrem Hirnstamm zu entfernen.

Dr. Robert Spetzler zögerte lange, bevor er sich als letzte noch verbliebene Möglichkeit an diese Operation wagte. Die Risiken waren enorm, aber den Eingriff nicht durchzuführen, hätte für die junge Frau innerhalb kürzester Zeit den sicheren Tod bedeutet. Der an der Hirnbasis gelegene Gefäßtumor war eine Zeitbombe, die mit zunehmender

Größe jederzeit detonieren konnte. Hatte man also wirklich eine Wahl?

Die Vorbereitung der Operation von Pamela Reynolds verdient eine ausführliche Beschreibung, da sie zeigt, in welchem Umfang ihr Gehirn zum Zeitpunkt der Entfernung der Gefäßdeformation inaktiv war. Die bei ihr angewandte *tiefe Hypothermie mit Kreislaufstillstand* ist eine Technik, die nur sehr selten in extrem schweren Fällen eingesetzt wird, weil viele Patienten einen derart schwerwiegenden Eingriff in die Hämodynamik des Körpers nicht verkraften und noch vor dem Ende der Operation versterben. Bei diesem Verfahren wird der Blutkreislauf des Patienten in ein System außerhalb des Körpers verlegt, um das zu operierende Gebiet – im vorliegenden Fall das Gehirn – vollständig blutleer zu machen. All das muss zwingend im hypothermischen Zustand erfolgen, um irreversible Hirnschäden zu vermeiden, die sonst innerhalb von fünf Minuten nach Unterbrechung des Blutkreislaufs im Gehirn auftreten würden.

Nach Einleitung der Narkose mit einem hochdosierten Barbiturat wurde der Blutkreislauf von Pamela Reynolds in ein System außerhalb ihres Körpers umgeleitet und ihre Körpertemperatur schrittweise auf einen Rekordwert von 15,5 °C abgesenkt. Sobald der Blutkreislauf im Gehirn unterbrochen war, brachte man den Operationstisch, auf dem sich die Patientin befand, in eine starke Schräglage, damit ihr Gehirn keinen einzigen Tropfen Blut mehr enthielt. Wie zu erwarten war, zeigte das EEG sehr rasch – und fast eine Stunde lang – die Nulllinie an. Der Eingriff verlief ohne größere Probleme. Nachdem das Aneurysma entfernt war, musste man sich nur noch bis zum vollständigen Aufwachen gedulden, um den neurologischen Zustand der Patientin beurteilen zu können. Die erste Überraschung war, dass Pamela Reynolds praktisch keine Nachwirkungen des künstlich herbeigeführten Hirntodes zeigte. Die zweite Überraschung rief noch weit größere Verblüffung hervor: Obwohl sie nachweislich und unbestreitbar klinisch tot gewesen war, hatte dieser Zustand sie nicht daran gehindert, alles wahrzunehmen, was während der Operation um sie herum geschehen war. Mit einem vollkommen funktionsunfähigen Gehirn war sie in der Lage gewesen, auch die kleinsten Details ihrer Operation zu sehen, zu hören und zu verstehen! Diese Meisterleistung wäre schlicht unmöglich gewesen, wenn, wie allgemein angenommen wird, das Bewusstsein durch das Gehirn erzeugt würde.

Ihr erstaunlicher Bericht reicht aus, um jeden materialistisch denkenden Wissenschaftler empört aufspringen zu lassen.

> *Ich hörte ein mechanisches Geräusch, das mich an den Bohrer des Zahnarztes denken ließ. Dann bin ich am oberen Ende meines Kopfes aus meinem Körper ausgetreten. In diesem Zustand hatte ich einen äußerst klaren Blick auf die Situation. Ich sah, dass mein Arzt ein Instrument in der Hand hielt, das an eine elektrische Zahnbürste erinnerte. Eine Stelle am oberen Ende ähnelte der Stelle, auf die man normalerweise das Mundstück aufsetzt. Als ich es sah, hatte es jedoch kein Mundstück. Ich schaute nach unten und sah eine Kiste, die mich an die Werkzeugkiste meines Vaters erinnerte, als ich ein Kind war. Er*

bewahrte darin seine Steckschlüssel auf. Ungefähr zu der Zeit, als ich das Instrument sah, hörte ich eine Frauenstimme. Ich glaube, es war die Stimme meiner Kardiologin. Sie sagte, dass meine Venen und meine Arterien zu eng seien, um das Blut abzuleiten, und der Chirurg sagte ihr, sie solle beide Seiten benutzen. Ich bin nicht sehr lange dort geblieben. Ich spürte plötzlich eine Präsenz und als ich mich umdrehte, erblickte ich einen winzigen Lichtpunkt. Er schien sehr weit weg zu sein und als ich mich ihm näherte, hörte ich, wie meine Großmutter mich rief. Ich ging sofort zu ihr und sie hielt mich in ihrer Nähe. Je mehr ich mich dem Licht näherte, umso mehr Menschen begegnete ich, die ich wiedererkannte. Ich war beeindruckt von ihrer wunderbaren Ausstrahlung. Meine Großmutter sah nicht aus wie eine alte Frau. Sie strahlte. Alle sahen jung, gesund und stark aus. Ich würde bereitwillig behaupten, dass sie aus Licht waren, so als trügen sie Kleidung aus Licht und als wären sie aus Licht gemacht. Mir wurde nicht gestattet, sehr weit zu gehen. Sie behielten mich nahe bei sich. Ich wollte mehr über die Musik erfahren, über das Geräusch eines Wasserfalls, über den Vogelgesang, den ich hörte, und darüber, warum sie mich nicht weitergehen ließen. Sie haben mit mir kommuniziert. Ich finde keine anderen Worte, um es zu erklären, denn sie sprachen nicht wie Sie und ich. Sie dachten und ich hörte. Sie wollten nicht, dass ich in das Licht eintrete. Sie sagten, wenn ich zu weit ginge, könnten sie mich nicht wieder mit meinem körperlichen Selbst verbinden. Mein Onkel brachte mich durch den Tunnel zurück nach unten und auf dem ganzen Weg verspürte ich den intensiven Wunsch, in meinen Körper zurückzukehren. Diese Vorstellung bereitete mir keinerlei Probleme. Ich wollte zu meiner Familie zurückkehren. Dann bin ich wieder bei meinem Körper angekommen. Ich betrachtete ihn und wenn ich ehrlich sein soll, kam er mir vor wie ein Wrack. Er kam mir vor wie das, was er war: tot. Und plötzlich wollte ich nicht mehr zurückkehren. Mein Onkel erklärte mir, es sei wie der Sprung in ein Schwimmbecken: „Na los, spring hinein!" Ich zögerte noch immer. Und dann geschah etwas, das ich bis heute nicht verstehe: Er beschleunigte meine Rückkehr in den Körper, indem er mir einen Stoß versetzte, der sich anfühlte, als wolle er mich in ein Schwimmbecken befördern. Als ich meinen Körper berührte, war es, als sei ich in ein Becken mit Eiswasser gefallen. Ich werde das nie vergessen.

Neben ihrer bewegenden Schilderung des Jenseits liefert die Präzision, mit der Pamela Reynolds die Einzelheiten ihrer Operation beschreibt, alle Zutaten für das größte Rätsel der Wissenschaft. Was geschieht nach dem Tod? Was wird aus uns? Wohin gehen wir? Woher kommen wir? Es sind diese immerwährenden, grundlegenden Fragen, die ab dem siebten Lebensjahr in unserem Geist aufkommen und die wir dann durch alle möglichen „Ablenkungen" wieder zu vergessen suchen, ohne dass es uns jemals wirklich gelingt.

Pamela Reynolds war in der Lage, das chirurgische Instrument zu beschreiben, das während ihrer Operation benutzt wurde, obwohl sie sich in einem sehr tiefen Koma befand. Das gilt ebenso für den Instrumentenkoffer aus Metall, der in der Tat einer Werkzeugkiste ähnelte und dessen Größe nur dann einen Blick auf den Inhalt gestattete, wenn man sich oberhalb des Operationsbereichs befand. Zudem konnte Pamela das Gespräch zwischen der Kardiologin und dem Chirurgen exakt wiedergeben, bei dem es darum ging, dass ihre Blutgefäße zu eng waren, um die Absaugkanülen einzuführen. Das alles geschah, während ihr Gehirn nicht funktionsfähig war. Das bedeutet doch, dass die Patientin ohne Augen sah, ohne Ohren hörte und ohne Gehirn verstand! Ja, aber womit? Und wie?

Wird nicht alles einfacher, wenn wir zugeben, dass das Bewusstsein sich außerhalb des Körpers befindet, wenn das Gehirn nicht mehr funktioniert?

Die Argumente der Kritiker

Das EEG von Pamela Reynolds zeigte zwar die Nulllinie an, aber das bedeutet nicht, dass keine nicht messbare Restaktivität vorhanden war.

Falsch, denn es sei daran erinnert, dass die Körpertemperatur der Patientin auf 15,5 °C abgesenkt wurde, und man weiß, dass unter diesen Bedingungen kein biochemischer Austausch zwischen zwei Neuronen möglich ist. Die Hirnfunktionen waren also vollständig ausgeschaltet.

*

Pamelas Gefühl, aus ihrem Körper auszutreten, wurde durch die Stimulation des rechten Schläfenlappens hervorgerufen, verursacht durch einen Mangel an Sauerstoff infolge des durch Anästhesie, Hypothermie und Blutleere herbeigeführten Absinkens des arteriellen Blutdrucks im Gehirn.

Falsch, denn eine Stimulation des rechten Schläfenlappens wäre in jedem Fall erkannt worden. Es sei daran erinnert, dass das EEG eine Stunde lang und vor allem in dem Moment die Nulllinie anzeigte, in dem die chirurgischen Instrumente bereitgelegt wurden.

*

Pamela konnte den Inhalt des Koffers, der die chirurgischen Instrumente enthielt, in dem Moment sehen, in dem der Operationstisch geneigt wurde, um durch die Schrägstellung die Durchblutung des Gehirns zu reduzieren.

Falsch, denn zum Zeitpunkt der Schrägstellung lag Pamela durch die Barbiturate bereits in einem tiefen Schlaf, die Augen durch Pflaster auf den Lidern verschlossen.

*

Pamela konnte die Geräusche von Instrumenten hören, die unbewusst Erinnerungen an die Werkzeugkiste ihres Vaters und an eine elektrische Zahnbürste in ihr wach-

riefen. Nach dem Aufwachen hat ihr Gehirn die in ihrem Gedächtnis verborgenen Bilder rekonstruiert. Auf die gleiche Weise konnte sie auch die Unterhaltung des Chirurgen mit der Kardiologin hören.

Falsch, da die während des Eingriffs gemessenen akustisch evozierten Potentiale (AEP)[17] ebenso wie das EEG keinerlei Aktivität anzeigten. Es war für sie somit vollkommen unmöglich, auf der Ebene des Gehirns auch nur den geringsten Ton wahrzunehmen. Zudem war im Operationssaal weder Musik noch Vogelgesang noch das Geräusch eines Wasserfalls zu hören. Alle visuellen und auditiven Wahrnehmungen im Gehirn hätten in der Aufzeichnung der elektrischen Aktivität des Hinterhauptlappens (visueller Bereich) oder der AEP (Untersuchung der elektrischen Leitung zwischen Hörnerv und Gehirn) objektiv dargestellt werden müssen.

*

Pamela muss während der Operation unterschiedliche Geräusche gehört haben, die sie als Musik interpretiert hat. Das elektrische Skalpell gibt hohe Töne ab, die an Vogelgesänge erinnern. Die Zirkulation des Blutes in den Schläuchen außerhalb ihres Körpers kann mit einem Wasserfall verwechselt werden.

---

17 Akustisch evozierte Potentiale (AEP) ermöglichen die Feststellung, ob ein akustischer Reiz vom Gehirn korrekt aufgenommen wird. Diese Untersuchung dient dem Zweck, Tumorerkrankungen des Gehörnervs oder angeborene Taubheit zu erkennen. Im Fall von Pamela Reynolds erlaubten die AEP dem Chirurgenteam, ihre Gehirnaktivität zu überwachen.

Falsch, denn unter den Bedingungen des Kreislaufstillstandes, in den man Pamela versetzt hatte, konnte sie keines dieser Geräusche hören, wie die Aufzeichnung der AEP beweist, die während der ganzen Operation absolut keine Aktivität anzeigte. Die akustischen Reize, denen ihre Ohren ununterbrochen ausgesetzt waren, um die AEP zu messen, machten es ihr ohnehin unmöglich, die Geräusche in ihrem Umfeld wahrzunehmen.

*

Pamela konnte die chirurgischen Instrumente vor dem Einschlafen oder zum Zeitpunkt ihres Aufwachens sehen und glaubte, diese Wahrnehmung während der Operation gehabt zu haben.

Falsch, denn zum Zeitpunkt ihres Einschlafens waren die chirurgischen Instrumente noch nicht auf dem Operationstisch bereitgelegt worden. Um das Risiko von Infektionen zu verringern, wird das Operationsmaterial immer erst möglichst spät der Umgebungsluft ausgesetzt. Außerdem war die Anästhesie bereits vor ihrer Ankunft im Operationssaal eingeleitet worden. Pamela konnte die Instrumente auch nicht am Ende der Operation gesehen haben, weil sie erst viel später in einem anderen, vom Operationstrakt weit entfernten Raum geweckt wurde, nachdem ihr Körper wieder aufgewärmt war.

*

Allein dieser Fall eines gesicherten, künstlich herbeigeführten und wissenschaftlich bewiesenen Hirntodes sollte ausreichen, um zu zeigen, dass Bewusstsein auch nach dem Leben möglich ist. Es wird aber sicher noch viele Jahre dauern, bis wir das Gesetz des Schweigens brechen können, das es verbietet, diese skandalträchtigen Informationen zu verbreiten.

Pamela Reynolds ist aus einem ebenso außergewöhnlichen wie unfassbaren klinischen Zustand zurückgekehrt, um uns von ihrer Reise ins Jenseits zu berichten. Von einer Reise, die oftmals in den Minuten oder Sekunden nach dem großen Aufbruch vorausgeahnt wird. Tatsächlich erleben Menschen, die diese Welt verlassen, häufig erstaunliche Dinge, wenn sie an der Schwelle des Todes stehen.

DRITTER GRUND
An der Schwelle des Todes

„Nichts ist schlimmer als der Glaube, das zu wissen, was man nicht weiß, und das als wahr zu verteidigen, was falsch ist."

Christliche Apokryphe Schrift

Verhaltensmuster sterbender Menschen

Intensivstationen sind die Bereiche, in denen es die meisten Todesfälle gibt. Das Pflegepersonal, das auf diesen Stationen arbeitet, wird häufig Zeuge der charakteristischen Verhaltensmuster von Menschen, die an der Schwelle des Todes stehen.

Die in der nachstehenden Liste aufgeführten – und nach abnehmender Häufigkeit geordneten – Gemeinsamkeiten konnte ich in fast allen Fällen beobachten.

1. Stille Resignation angesichts des nahenden Todes
2. Gefühle der Gelassenheit und des inneren Friedens

3. Verstärkte Neigung zur Spiritualität, Anrufung von Göttern, Rezitation von Gebeten
4. Euphorie und Neugierde bei der Vorstellung, das Jenseits zu entdecken
5. Bilder wunderschöner Landschaften
6. Bilder verstorbener Menschen, die am Fußende des Bettes stehen
7. Angst und Furcht beim Gedanken an den Tod
8. Unkontrollierbares Entsetzen

Ich bin nicht in der Lage, genaue Zahlen oder Prozentsätze für diese acht Merkmale zu nennen, da diese Einordnung ausschließlich auf meiner über zwanzigjährigen persönlichen Erfahrung im Umgang mit kranken und verletzten Patienten in der Intensivmedizin beruht. Auch wenn ich die unterschiedlichen Reaktionen auf den bevorstehenden Tod niemals zahlenmäßig erfasst habe, kann ich die ungefähre Häufigkeit ihres Vorkommens dennoch einordnen. Ich habe sowohl das Pflegepersonal, mit dem ich auf der Intensivstation zusammenarbeite, als auch meine Kollegen im Intensiv- und Palliativbereich gebeten, sich die Liste anzuschauen. Sie haben die Einordnung der in meiner Untersuchung beobachteten Phänomene einhellig bestätigt. Die meisten von ihnen hatten die in meiner Aufstellung enthaltenen Reaktionen bei sterbenden Menschen bereits selbst beobachtet, aber nur wenige hatten schon einmal darüber gesprochen. Leider ist dieses Thema im medizinischen Bereich immer noch ein großes Tabu. Der Vollständigkeit halber sei angemerkt, dass bei der Mehrheit der Sterbefälle keines dieser Merkmale zu beobachten ist, da die Patienten sich in einem zu tiefen Koma befinden, um sich überhaupt artikulieren zu können. Die beiden zuletzt genannten Reaktionen sind große Ausnahmen. In meiner gesamten beruflichen Laufbahn kann ich mich an vielleicht zehn Personen erinnern, die im Augenblick ihres Todes große Angst oder Entsetzen verspürten. Mehr waren es nicht. Hier kommt mir der steinreiche Geschäftsmann in den Sinn, der, mit starken Schmerzen im Bett liegend, seine Besucher und das Pflegepersonal regelmäßig mit großer Bosheit und Bissigkeit attackierte. Wenige Sekunden vor seinem letzten Atemzug änderte sich sein Verhalten jedoch vollkommen. Er bat Gott um Vergebung, während er die letzten körperlichen Tränen weinte. Ich sehe noch immer seine weit aufgerissenen Augen und die zitternden Lippen, die diese mitleiderregende Bitte flüsterten. Es war, als ob er plötzlich vor etwas Ungeheurem, etwas Schrecklichem stünde.

Ich habe aus meiner Erinnerung einige Reaktionen sterbender Menschen zusammengetragen, die eine ruhige und gleichmütige Akzeptanz des bevorstehenden Todes widerspiegeln. Angst, Wut und Traurigkeit sind in der Bandbreite der zum Ausdruck gebrachten Empfindungen nicht enthalten.

Ich werde endlich wissen, ob Gott existiert.

*

Ich werde meine Eltern, meinen Mann und alle anderen Menschen wiedersehen, die ich geliebt habe.

*

Wissen Sie, Herr Doktor, es ist auf jeden Fall gut so. Ich hatte meine Zeit hier und im Grunde meines Herzens bin ich nicht unglücklich darüber, dass ich gehe.

*

Gerade habe ich meine Mutter am Fußende meines Bettes gesehen. Ich habe sie vor über zehn Jahren begraben. Sie war von einem Lichtkranz umgeben. Ich glaube, dass sie gekommen ist, um mich zu holen. Ich kann es kaum erwarten, sie wiederzusehen.

*

Ich hatte mein ganzes Leben lang Angst vor dem Tod, weil ich an nichts geglaubt habe. Seit meiner frühen Kindheit habe ich mir vor Angst in die Hose gemacht, wenn ich an den Moment meines eigenen Todes dachte. Ich habe immer geglaubt, dass ich niemals den Mut haben würde, mich ihm zu stellen. Und jetzt, da dieser gefürchtete Moment gekommen ist, habe ich überhaupt keine Angst mehr. Ich habe endlich den Glauben gefunden. Ich kann es sogar kaum erwarten, vor Gott zu stehen.

Die letzten Worte sterbender Menschen sind sogar noch beeindruckender:

Ich gehe jetzt. Oh, ist das schön! Das ist wunderschön …!

*

Das Meer aus Blumen, das auf uns zukommt … sehen Sie es auch? Sehen Sie es?

*

Man ruft mich. Ich muss gehen …

*

Mein Gott, sie sind alle da, alle meine Vorfahren sind da. Danke!

*

Dieses weiße Licht, wie schön es ist! Ich habe noch nie ein so schönes und so weißes Licht gesehen!

Ich habe auch viele Briefe von Menschen erhalten, die Sterbende begleitet haben. Hier einige Auszüge:

Als ich meine Freundin – eine klar denkende Frau, Psychologin von Beruf, für die die Medizin nichts mehr tun konnte – im Krankenhaus besuchte, drehte sie plötzlich den Kopf nach rechts, um einen unsichtbaren Besucher neben ihrem Bett anzuschauen, den sie Papa nannte. Ihr Vater war aber bereits einige Jahre zuvor verstorben.

FRANCOISE B.

*

Manche Menschen sagen im Moment des Todes, dass sie ihre Eltern oder verstorbene Freunde am Fußende ihres Bettes stehen sehen. Das geschieht relativ häufig. Ich glaube, dass alle, die wie ich in der Palliativpflege arbeiten, ähnliche Erfahrungen gemacht haben, aber nur wenige sprechen darüber.

Étienne H., Krankenpfleger auf einer Palliativstation

*

Als meine Mutter starb, sah sie genau in dem Moment, in dem sie ihren letzten Atemzug tat, zur Zimmerdecke hinauf und rief: „André!" Mein Vater hieß André. Er ist lange vor ihr gestorben. Ich kenne meine Mutter gut genug, um zu wissen, dass die Person, die sie in diesem Augenblick gesehen hat, tatsächlich mein Vater war. Sie hatte in seiner Gegenwart immer einen besonderen Blick in den Augen.

Martine S.

*

Unmittelbar vor ihrem Tod verlangte meine Großmutter von uns, dass wir uns den leuchtenden Engel anschauen sollten, der angeblich hinter uns stand. Sie hat so sehr darauf bestanden, dass wir, um sie nicht zu verärgern, erklärten, wir könnten ihn ebenfalls sehen, aber in Wirklichkeit hat niemand von uns etwas gesehen!

Pascal V.

Der unterschätzte Einfluss gesellschaftlicher Übereinkünfte

Als Lebende tun wir uns schwer mit dem Eingeständnis, dass es ein Leben nach dem Tod gibt. Wir im Westen leben in einer materialistisch denkenden Gesellschaft, in der die Spiritualität zu kurz kommt und in der man uns üblicherweise bereits in der Kindheit vermittelt, dass der Tod gleichbedeutend mit dem Nichts ist. Da unser Leben eng an die Materie gebunden ist, heißt das mit anderen Worten, dass eine Existenz unmöglich scheint, wenn sich die Materie auflöst. Das ist jedoch eine reine gesellschaftliche Übereinkunft, weil es für diese materialistisch orientierte Überzeugung keinen rationalen Beweis gibt. Und ich fordere jeden heraus, mir einen einzigen Beweis zu liefern! Allein unsere westliche Erziehung, die bar aller spirituellen Werte ist, hat uns diese weit verbreitete und kaum zu überprüfende Denkweise eingegeben.

Wir unterschätzen den enorm großen Einfluss, den diese Übereinkünfte auf unser Denken haben. Was würde beispielsweise passieren, wenn ich Ihnen erkläre, die Farbe Rot sei in Wirklichkeit gelb? Es käme Ihnen falsch, lächerlich und sogar absurd vor, obwohl das gewählte Vokabular in Wirklichkeit nur auf einer getroffenen Übereinkunft beruht. Vorgefasste Wahrheiten, in einem langen und mühsamen Lernprozess erworben und über viele aufeinanderfolgende Generationen weitergegeben, sind fest in unserem Bewusstsein verankert. Und wenn eine Information wie zum Beispiel der wissenschaftliche Beweis für ein Leben nach dem Tod dem, was wir gelernt haben, widerspricht, wird sie entschlossen ins Unterbewusstsein verbannt, weil es leichter ist, eine neue, beunruhigende Tatsache abzutun, indem man sie leugnet, als zu versuchen, sie in unser Wissen zu integrieren. Das ist der Grund, warum viele Menschen im Westen die Existenz eines Jenseits nicht akzeptieren können.

Meine Erfahrung hat dagegen gezeigt, dass wir in dem Augenblick, in dem der Tod unmittelbar bevorzustehen und unausweichlich zu sein scheint, durchaus bereit sind, eine andere Realität zu akzeptieren, die völlig verschieden ist von der, die wir immer gekannt und vertreten haben; eine andere Wahrheit, die den Gedanken des Überlebens in einer anderen Dimension einbezieht. Kurz vor Ablauf der Zeit wird auch der Ungläubigste zum Gläubigen und der Atheist ruft Gott an. Diese Beobachtung haben viele im Intensiv- oder Palliativbereich tätige Pflegekräfte gemacht und sie zeigt, in welchem Maße auch unsere tiefsten Gewissheiten plötzlich erschüttert werden können.

Leo und Gabriel

Man könnte unser irdisches Leben mit dem eines Fötus im Mutterleib vergleichen. Stellen wir uns zur Verdeutlichung einmal die Unterhaltung zwischen Zwillingen vor, die gegen Ende einer Schwangerschaft im Fruchtwasser schwimmen. Wir wollen sie Gabriel und Leo nennen. Leo ist ein Materialist, der nur an das glaubt, was er in seinem Leben in der Gebärmutter wahrnimmt. Sein Bruder Gabriel ist spirituell weiter entwickelt und hält es für durchaus möglich, dass es noch ein anderes Leben als das gibt, das er seit fast neun Monaten führt. Sie kommunizieren mithilfe von Telepathie.

Leo: Glaubst du, dass es ein Leben nach der Geburt gibt?

Gabriel: Natürlich. Jeder weiß, dass es ein Leben nach der Geburt gibt.

Leo: Wenn das so ist, was tun wir dann hier? Dann wäre das Leben in der Gebärmutter doch dumm und vollkommen unnütz!

Gabriel: Wir sind auf der Durchreise, um zu wachsen und stark genug zu werden. Wir bereiten uns auf das vor, was uns danach erwartet.

Leo: Jaja, die Hoffnung stirbt zuletzt! Das ist alles Unsinn! Es kann kein Leben nach der Geburt geben!

Gabriel: Aber warum denn nicht?

Leo: Weil noch niemand nach seiner Geburt in die Gebärmutter zurückgekehrt ist, um uns zu sagen, dass es ein Leben auf der anderen Seite gibt. Wenn niemand zurückgekommen ist, dann heißt das, dass es nur ein einziges mögliches Leben gibt, und zwar das Leben, das wir hier leben! Punkt! Das ist alles!

Gabriel: Aber es gibt doch Anzeichen für ein Leben nach der Geburt, Dinge, die beweisen, dass etwas außerhalb der Gebärmutter passiert.

Leo: Ach, wirklich? Dann gib mir doch ein einziges Beispiel für die Anzeichen, von denen du sprichst.

Gabriel: Ich höre manchmal Stimmen, Geräusche und Wohlklänge. Wenn du aufmerksam bist, genau zuhörst, dich konzentrierst und glaubst, dass es möglich ist, dann bin ich sicher, dass auch du sie hören kannst. Da wir hier nur zu zweit sind, können diese Töne nur aus einer anderen Welt kommen, die parallel zu unserer Welt existiert.

Leo: Mein Ärmster, du tust mir leid. Deine Fantasie geht mit dir durch! Du hast so große Angst davor, bei deiner Geburt zu verschwinden, dass du dir Dinge ausdenkst, um dich zu beruhigen. Du hast doch Halluzinationen! Ich habe nur die Geräusche gehört, die unsere Bewegungen in dieser Flüssigkeit verursachen!

Gabriel: Es heißt, dass man, wenn man auf die andere Seite wechselt, ein helles Licht am Ende eines schwarzen Tunnels sieht.

Leo: Ach ja, du meinst die sogenannte Nahgeburterfahrung, die bei einer drohenden Fehlgeburt auftritt. Das ist doch alles dummes Zeug!

Gabriel: Und nachdem wir den Tunnel durchquert haben und dem Licht begegnet sind, werden wir unsere Mutter sehen.

Leo: Ach, wirklich? Weil du jetzt auch noch an eine Mutter glaubst?

Gabriel: Ja, eine Mutter, die sich um uns kümmert und die uns beschützt, weil sie uns über alles liebt.

Leo: Aber denk doch mal nach! Was du sagst, ist absurd! Wenn diese liebende Mutter wirklich existieren würde, dann wüssten wir das! Sie käme uns hier besuchen! Sie würde sich zeigen! Sie würde uns nicht an diesem kleinen, dunklen Ort leiden lassen!

Gabriel: Du irrst dich. Unsere Mutter ist überall um uns herum und wir sind in ihr. Ihr verdanken wir es, dass wir leben und uns bewegen. Wir existieren dank ihr und dank der Liebe, die sie uns schenkt.

Leo: Du bist verrückt geworden, mein Ärmster! Du wirst doch wohl nicht wie all die anderen Erleuchteten an eine Mutter glauben!

Gabriel: Wenn wir auf der anderen Seite angekommen sind, wird sie da sein und uns in den Arm nehmen …

Leo: Aber wenn du auf der anderen Seite bist, existierst du nicht mehr!

Gabriel: Wie kommst du darauf?

Leo: Die an deinem Bauch befestigte Schnur ist das, was dich am Leben erhält. Ohne sie wäre kein Leben möglich und du würdest nicht mehr existieren. Wenn du zur anderen Seite wechselst, wird diese Schnur durchtrennt. Dann hast du keine Möglichkeit mehr, Sauerstoff und Glukose aufzunehmen. Ohne diese beiden lebenswichtigen Elemente stirbst du innerhalb von weniger als drei Minuten! Komm, ich zeige dir mal, was mit dir passiert, wenn ich deine Schnur mit meinen Füßen knicke.

Gabriel: Aaarrrrggg! Mmppff! Hör auf! Ich ersticke! Aaaahhh!

Leo: Haha! Da siehst du, du Schlaukopf, was ohne die Schnur innerhalb weniger Sekunden mit dir passiert! Du wirst ganz grau, stirbst und existierst nicht mehr. Haha!

Gabriel: Aaarrrrggg!

Leo: Schon gut, reg dich nicht auf, ich lasse ja schon los. Ich habe nicht die geringste Lust, eine Missgeburt neben mir zu haben, sei beruhigt. Ich wollte dir nur eine kleine Lektion erteilen, damit du die Plazentahaftung nicht verlierst. Ich habe dir gerade wissenschaftlich bewiesen, dass ohne diese Schnur absolut kein Leben möglich ist.

Gabriel: Uff! Danke.

Leo: Nichts zu danken!

Gabriel: Ich dachte, ich würde sterben!

Leo: Jetzt bist du hoffentlich überzeugt?

Gabriel: Wie? Von was überzeugt?

Leo: Na, dass ohne diese Schnur ganz einfach kein Leben möglich ist!

Gabriel: Nein, ganz und gar nicht!

Leo: Was???

Gabriel: Ich glaube, dass diese Schnur nur hier notwendig ist. Wenn wir auf der anderen Seite sind, werden wir sie nicht mehr brauchen.

Leo: Pfffft, ich gebe auf. Du bist wirklich nicht zu retten!

Gabriel: Nach unserer Geburt werden wir uns in Räumen bewegen können, die unendlich viel größer sind als dieser Raum. Außerdem werden wir wachsen. Unser wirkliches Leben wird erst in diesem Moment beginnen.

Leo: Du bist komplett verrückt! Wie dem auch sei, rück mal ein bisschen zur Seite. Du nimmst den ganzen Platz in Anspruch, wenn du die Arme ausbreitest.

Plötzlich baut sich in der Gebärmutter ein enorm großer Druck auf. Leo und Gabriel werden herumgeschleudert. Sie können deutlich eine laute Stimme hören, die ruft: „Pressen, pressen! Ja, so ist es gut, weiter! Ich kann schon einen Kopf sehen!" Die Flüssigkeit, in der sie schwimmen, entweicht schlagartig in einem großen Schwall.

Gabriel ist glücklich. Er ahnt, dass dieser Umbruch das Zeichen für den Aufbruch in ein neues, wunderbares Leben ist. Leo ist zuerst erschrocken, aber dann entspannt sich sein verkrampftes Gesicht nach und nach und wird von einem zarten Lächeln erhellt. Er durchquert die Dunkelheit des Geburtskanals und nimmt ein strahlend helles Licht wahr.

Leo: Gabriel, Gabriel, hörst du mich noch?

Gabriel: Ja, Leo, ich kann dich gerade eben noch hören. Schon bald werden wir nicht mehr in der Lage sein, auf diese Weise miteinander zu sprechen, und wir werden alles vergessen haben, was in der Gebärmutter geschehen ist.

Leo: Ich glaube, du hattest Recht, Gabriel. Wir werden unserer Mutter begegnen.

Es ist so gut wie sicher, dass an der Schwelle des Todes selbst der überzeugteste Leo unter uns seinen Glauben an Gott wiederfindet.

VIERTER GRUND
Außerkörperliche Erfahrungen

„Wenn ich alle diese dummen Geschichten über außerkörperliche Erfahrungen höre, bin ich außer mir!"

EIN „LEO" VON VIELEN

Wenn man den zahlreichen Erfahrungsberichten, die ich per Post oder am Ende meiner Vorträge erhalte, glauben darf, finden außerkörperliche Erfahrungen nicht ausschließlich im Moment des vorläufigen Todes statt. Ganz im Gegensatz zu dem, was man denken könnte, ist die Erfahrung alles andere als selten. Bei der jüngsten Umfrage zu diesem Thema erklärten 10 % der befragten Personen, dass sie schon mindestens einmal in ihrem Leben das Gefühl hatten, sich spontan oder ungewollt außerhalb ihres Körpers zu befinden.[18]

18 Alvarado C. S.: *Out-of-body experiences* in *Varieties of Anomalous Experience: Examining the Scientific Evidence*. American Psychological Association, 2000.

Das Institut für noetische Wissenschaften in Genf

Menschen, die eine außerkörperliche Erfahrung gemacht haben, verweise ich für gewöhnlich an Sylvie Dethiollaz, da sie meines Wissens die einzige Person ist, die jeden ihr vorgestellten Fall seriös und streng wissenschaftlich untersucht. Sie ist Doktor der Molekularbiologie und hat, nach einem Studium an der Universität von Kalifornien in Berkeley, 1999 in Genf den Verein Noêsis gegründet, aus dem später das Institut für noetische Wissenschaften (Institut Suisse des Sciences Noétiques) hervorgegangen ist, ein Zentrum zur Erforschung veränderter Bewusstseinszustände. Sylvie Dethiollaz verwendet ein hohes Maß an Zeit und Energie darauf, Menschen zu begleiten, die solche Erfahrungen gemacht haben. Unterstützt wird sie dabei durch den Psychotherapeuten Claude-Charles Fournier. Die Arbeit, die in der auf diesem Gebiet einmaligen Betreuungs- und Forschungseinrichtung geleistet wird, hat es verdient, gefördert zu werden. Während der globalen Wirtschaftskrise wäre das Institut für noetische Wissenschaften infolge äußerst kurzsichtiger Budgetbeschränkungen fast geschlossen worden – mit katastrophalen Folgen für die Menschen, für die dieses auf seinem Gebiet einmalige Institut einen möglichen Anlaufpunkt darstellt. Denn an wen soll man sich wenden und mit wem soll man sprechen, wenn man das Undenkbare erlebt hat?

Drei Erfahrungsberichte

Ich habe 124 Berichte über außerkörperliche Erfahrungen erhalten, die nicht in Zusammenhang mit einem Nahtoderlebnis standen. Es liegt auf der Hand, dass ich sie nicht alle hier präsentieren kann, denn zum einen würden sie den Rahmen des Buches sprengen und zum anderen würde die wirklich frappante Übereinstimmung den Leser rasch langweilen. Zunächst möchte ich drei sehr unterschiedliche Beispiele für außerkörperliche Erfahrungen geben, die das Phänomen recht gut wiederspiegeln. Anschließend stelle ich die Resultate meiner Untersuchungen vor, indem ich die Gemeinsamkeiten der 124 Erfahrungen zusammenfasse.

Fall 1: Die Geschichte von Jacques D.

Ich bin Osteopath, weil ich nur so die Möglichkeit habe, Menschen offiziell durch Magnetismus zu heilen. In dieser Nacht lag ich neben meiner zweiten Frau im Bett. Wir waren beide wach. Ich spürte, dass sie besorgt war und dass diese Besorgnis sie daran hinderte, in den Schlaf zu finden. Es war bereits nach drei Uhr morgens und ihr sechzehnjähriger Sohn aus erster Ehe war noch nicht nach Hause gekommen. Ich fühlte ihre große Unruhe und sagte: „Mach dir keine Sorgen. Ich werde meinen Körper verlassen und ihn holen.“ Nach nicht einmal einer Sekunde stand ich vor ihm. Er war in einem Café und trank Bier. Ich blickte ihm direkt in die Augen und sagte in einem sehr barschen Ton: „Es reicht jetzt. Du hast genug getrunken. Du kommst jetzt sofort nach

Hause. Sofort, hast du verstanden!" Er schaute in meine Richtung, als ob er mich sehen könnte, aber das konnte er natürlich nicht. Für ihn ebenso wie für alle anderen war ich unsichtbar. Ich wusste, dass er mir gehorchen würde. Ich kehrte in meinen Körper zurück und sagte zu meiner Frau: „Sei beruhigt, ich habe ihn gesehen. Es geht ihm gut. Er ist in einem Café und wird bald nach Hause kommen." Und tatsächlich hörten wir etwa eine halbe Stunde später, wie sich die Tür seines Zimmers öffnete. Als ich ihn später an diesem Tag fragte, warum er uns nicht vorher Bescheid gegeben hatte, dass er so spät nach Hause kommen würde, antwortete er: „Weißt du, Papa Jacques, ich war mit ein paar Freunden zusammen und habe gar nicht gemerkt, wie die Zeit verging. Irgendwann wurde mir plötzlich bewusst, wie spät es schon war, und ich bin nach Hause gekommen." Als ich ihm sagte, dass ich meinen Körper verlassen hatte, um ihn zu suchen und ihm zu sagen, er solle nach Hause kommen, lachte er lauthals auf und erklärte, das sei völlig unmöglich. Sein Gesichtsausdruck änderte sich jedoch, als ich ihm eine genaue Beschreibung des Cafés gab, in dem er gewesen war, und ihm sagte, dass sich am Tisch neben ihm ein junges Paar heftig gestritten hatte. Im Laufe des Abends kam er zu mir und sagte: „Papa Jacques, ich möchte dich um etwas bitten. Versprich mir, dass du nie kommst, um zuzuschauen, wenn ich Sex habe!"

Fall 2: Die Geschichte von Pierre-Marc A.

Eine Erfahrung, die ich in den 1970er Jahren

gemacht habe, hat mich besonders tief geprägt. Ich wusste damals absolut nichts über das Phänomen, mit dem ich es zu tun hatte. Ich lag auf einem Bett, ausgestreckt auf dem Rücken, als sich eine Form, die meinem Körper ähnelte, von mir löste, langsam nach oben stieg und nahe der Zimmerdecke verharrte. Mein Bewusstsein und meine Gedanken befanden sich im Kopf dieser zweiten Gestalt. Ich stellte fest, dass ich in alle Richtungen schauen konnte, ohne den Kopf zu bewegen, gleichsam zu einem Rundumblick fähig war. Keine Farben, keine Töne, aber ein Gefühl unendlichen Glücks. Ich kann unmöglich sagen, wie lange die Erfahrung andauerte. Irgendwann stieg die Zwillingsform meiner selbst langsam wieder herab und verschmolz in vollkommener Übereinstimmung wieder mit meinem Körper. Als ich mich von meiner Überraschung erholt hatte, wünschte ich mir nichts sehnlicher, als diese Erfahrung noch einmal zu machen, dieses unendliche Glücksgefühl wiederzufinden. Trotz aller Versuche und obwohl ich viel darüber gelesen habe, ist es mir nicht gelungen, die Bedingungen für diese Verdopplung – die man, wie ich nun weiß, als außerkörperliche Erfahrung bezeichnet – noch einmal herzustellen. Dennoch bin ich fest davon überzeugt, dass ich nicht eins, sondern zwei war!

Fall 3: Die Geschichte von Georges F.

Lieber Herr Doktor, nach langem Zögern habe ich mich endlich entschieden, Ihnen zu schreiben und zu berichten, was ich während meiner Narkose erlebt habe. Ich bitte meine Handschrift und meine Rechtschreibfehler zu entschuldigen. Ich bin Maler von Beruf und anders als Sie nicht im Schreiben geübt. Ich weiß, dass Sie ein aufgeschlossener Mann sind und dass das, was ich Ihnen schreibe, für Ihre Untersuchungen vielleicht nützlich sein kann. […] Nachdem das Narkosemittel in meinen Blutkreislauf injiziert worden war, hörte ich ein Grollen, gefolgt von einem zischenden Geräusch wie beim Start einer Rakete. Dann befand ich mich an der Zimmerdecke und sah, wie die beiden Chirurgen mich operierten. Es handelte sich um eine rothaarige Frau und um einen Mann mit einer kleinen, rechteckigen Brille. Nachdem sie die Haut meines Bauchs bis zum Nabel geöffnet hatten, sagte der Mann mit der Brille zu der Frau neben ihm, dass sie ihre Haare nicht ausreichend verborgen hatte, da auf ihrer Stirn noch eine Strähne zu sehen war. Sie wandte sich einer dritten Person zu, die ihr die Haarsträhne unter die Schutzhaube schob. Der Anästhesist war ruhig, er schien sich überhaupt keine Sorgen zu machen. Er saß auf seinem Stuhl und las in einer Zeitschrift. Nachdem ich aufgewacht war, fragte ich ihn, ob es bei mir irgendein Problem gegeben hätte, und er verneinte. Ich habe ihn das gefragt, weil ich die Geschichten kannte, die während einer Nahtoderfahrung passieren. Daraus schließe ich, dass man eine Nahtoderfahrung auch dann machen kann, wenn man dem Tod nicht nahe ist oder sich sogar bester Gesundheit erfreut. Wie denken Sie darüber? Vielen Dank für eine Antwort.

Diese drei Beispiele machen deutlich, dass außerkörperliche Erfahrungen einerseits bewusst und kontrolliert (Fall 1), andererseits aber auch spontan und zufällig auftreten (Fall 2) oder durch die Verabreichung chemischer Substanzen herbeigeführt werden können.

In allen drei beschriebenen Fällen schweben die betroffenen Menschen nicht in Lebensgefahr und sind sich bewusst, dass sie aus ihrem Körper ausgetreten sind. Sie sind überzeugt, dass sie weder träumen noch Opfer einer Halluzination geworden sind. Der erste Fall ist bemerkenswert, weil Jacques D. in der Lage war, den Streit eines Paares in einem mehrere Kilometer von seinem Körper entfernten Café zu beschreiben. Die überraschende und präzise Schilderung dieser Szene erschütterte die Skepsis des jungen Mannes, der, von der Realität dieses Phänomens überzeugt, seinen „Papa" daraufhin bat, ihm nicht beim Sex zuzuschauen.

Der dritte Fall ist ebenso anschaulich. Es ist kaum vorstellbar, wie jemand, der sich gerade einer Operation unterzieht, imstande sein soll, das zu beschreiben, was sich auf der anderen Seite der Abdecktücher abspielt, ohne sich bewegen und – in diesem Fall – eine Position oberhalb seines auf dem Operationstisch liegenden Körpers einnehmen zu können. Die Operationsassistentin, bei der es sich tatsächlich um eine zweite Chirurgin handelte, ließ sich von einer dritten Person die Haare unter die Schutzhaube schieben, um Keimfreiheit zu gewährleisten. Ein Laie (Maler), der mit den in einem Operationstrakt üblichen Praktiken nicht vertraut ist, kann sich ein solches Vorgehen nicht ausdenken.

Im zweiten Fall geht ein Gefühl unendlichen Glücks einher mit der Fähigkeit zum Rundumblick und dem Gefühl, zwei zu sein: ein vom fleischlichen Körper getrennter Geist. Dieses Erleben ähnelt sehr stark den transzendenten Erfahrungen, die sich in Berichten über Nahtoderfahrungen finden.

Die Argumente der Kritiker

Erwartungsgemäß hatte ich absolut keine Schwierigkeiten, Kollegen zu finden, die der Tatsache außerkörperlicher Erfahrungen skeptisch gegenüberstehen. Ich habe sie gebeten, die drei obigen Berichte zu lesen, um ihre Reaktionen zu beobachten und ihre Kommentare oder Argumente zu hören. Die meisten haben mir liebenswürdig geantwortet, dass sie sich mit diesen Situationen gar nicht erst befassen wollten, weil sie ihnen absurd oder verrückt vorkämen. Andere haben sich für unfähig erklärt, überhaupt eine Meinung zu äußern, und eine Minderheit hat die Hypothesen und Vorschläge geliefert, über die ich nachstehend berichte.

„Papa Jacques" wollte den jungen Mann beeindrucken und nahm ganz einfach an, dass er sich in einem Café aufgehalten hatte, das er sehr gut kannte. Was den Disput betrifft, so ist es durchaus nicht ungewöhnlich, in einem Café einen Streit mitzuerleben. Das ist also kein Beweis.

Ich bin mit dieser Analyse der Situation nicht einverstanden. Ich gehe relativ häufig in ein Café, um etwas zu verzehren, und kann mich nicht erinnern, schon einmal Zeuge eines heftigen Streits zwischen einem am Nebentisch sitzenden Paar geworden zu sein.

*

Die im zweiten Fall geschilderte Überzeugung, zwei Personen gleichzeitig zu sein, ist eine bekannte psychiatrische Erkrankung, die ärztlicher Behandlung bedarf.

Bei einer solchen Reaktion ist es nicht überraschend, dass Menschen, die eine außerkörperliche Erfahrung gemacht haben, es vorziehen, nicht mit ihrem Umfeld und schon gar nicht mit ihrem Arzt darüber zu sprechen. Wer den Schritt wagt, riskiert die Einweisung in eine psychiatrische Klinik zur Behandlung einer gefährlichen schizophrenen Wahnvorstellung.

*

Im dritten Fall konnte der Patient sehen, was sich auf der anderen Seite der Abdecktücher abspielte, weil es sich in der Operationsleuchte spiegelte. So konnte er beispielsweise auch beobachten, wie die Operationsassistentin sich von einer dritten Person eine Haarsträhne unter die Schutzhaube schieben ließ.

Unmöglich, denn um diese Szene in den Spiegeln der Operationsleuchte sehen zu können, hätte Georges wach sein müssen. Das war aber nicht der Fall, da das, was er „sah“, kurz nach seinem Bauchschnitt stattfand.

*

Georges war durch das Anästhetikum vielleicht nur paralysiert, aber noch nicht vollständig eingeschlafen, was erklären würde, dass er in den Spiegeln der Operationsleuchte seine eigene Operation sehen konnte.

Das ist ebenfalls unmöglich, da die Augen eines Patienten bei einer Allgemeinanästhesie immer durch Pflaster verschlossen werden, um eine Entzündung der Augäpfel zu vermeiden. Wird diese Vorsichtsmaßnahme nicht getroffen, bildet sich innerhalb von zehn Minuten eine Konjunktivitis. Der für die Befeuchtung der Augen unerlässliche Lidschlussreflex, den wir im Wachzustand alle haben, ist beim narkotisierten Patienten nicht vorhanden.

*

Georges war noch nicht vollständig eingeschlafen und konnte akustische Informationen aufnehmen. Der Chirurg hat seine Operationsassistentin vielleicht laut darauf hingewiesen, dass ihre Haare nicht vollständig unter der Schutzhaube verborgen waren, und das hat Georges unbewusst dazu gebracht, die ganze Szene zu rekonstruieren, als ob er sie selbst gesehen hätte.

Bei dieser Hypothese hätte er unmöglich wissen können, dass die Operationsassistentin rothaarig war, und ebenso wenig hätte er erkennen können, wie groß sein Bauchschnitt war, der „bis zum Nabel" ging. Diese Informationen konnte er nur visuell aufnehmen.

Die Diskussion rund um diese drei Fälle zeigt, wie schwierig es ist, ein unerklärliches Phänomen zu akzeptieren. Auch wenn außerkörperliche Erfahrungen bei unserem aktuellen Wissensstand schockierend und völlig irrational sein mögen, so sind sie deshalb nicht weniger real und es wäre unseriös und unlogisch, sie zu ignorieren.

Ergebnisse der 124 untersuchten Fälle

1. Umstände des Auftretens

- In **84 %** der Fälle ist die außerkörperliche Erfahrung spontan und unbeabsichtigt. Sie tritt meist während einer starken Emotion auf: ein Beinaheunfall, die Nachricht vom Tod eines geliebten Menschen, eine bestandene Prüfung, ein Orgasmus. Ebenso kann sie aber auch ohne ersichtlichen Grund auftreten.
- In **8 %** der Fälle wird sie durch eine Allgemeinanästhesie ausgelöst, also unbeabsichtigt, aber verursacht durch die Injektion eines Anästhetikums.
- In **6 %** der Fälle wird sie absichtlich durch Meditationstechniken wie holotropes Atmen, Gebete oder die Verabreichung psychotroper Substanzen wie LSD, Iboga, Ketamin oder Ayahuasca ausgelöst.
- In **2 %** der Fälle wird sie unbeabsichtigt durch die Einnahme psychotroper Substanzen wie Alkohol, Neuroleptika oder Anxiolytika ausgelöst.

*

- In **92 %** der Fälle findet die außerkörperliche Erfahrung in der Rückenlage statt.
- In nur **8 %** der Fälle wird die außerkörperliche Erfahrung in einer anderen Körperhaltung erlebt: im Sitzen, im Stehen, in der Bauchlage, im sogenannten Lotossitz, während einer Wanderung, bei einem Wettlauf (in einem Fall während eines Marathons) oder bei einem Schwimmwettbewerb.

*

- In **96 %** der Fälle tritt die außerkörperliche Erfahrung im Zustand tiefer Entspannung auf.
- In **4 %** der Fälle tritt sie bei intensiver körperlicher Aktivität auf: Laufen, Marathon, Geschlechtsverkehr, Schwimmen, Autorennen, Fußballspiel.

Der Erfahrungsbericht eines Fußballspielers ist so eigenartig, dass ich nachstehend einen Auszug aus seinem Brief zitieren möchte.

> *[…] Ich hatte gerade den Ball bekommen und musste an fünf Spielern vorbeigelangen, um ein Tor zu schießen. In diesem Moment bin ich aus meinem Körper herausgetreten und konnte die Bewegungen aller Spieler perfekt sehen, sogar derjenigen, die sich hinter mir befanden. Ich sah auch mich, weil ich mich über mir selbst befand. Ich konnte problemlos an allen fünf Spielern vorbeigelangen, weil ich wusste, in welche Richtung sie laufen würden, denn während ich mich vorwärts bewegte, konnte ich ihre*

Gedanken lesen. Ich habe die gegnerische Abwehr mühelos überwunden und aufs Tor geschossen. Nach dem Schuss konnte ich die Flugbahn des Balls wie in Zeitlupe sehen. Sie war einfach perfekt. Dank dieses Treffers konnte sich meine Mannschaft qualifizieren. Meine Schwester, die sich für Ihre Arbeit interessiert, hat mir geraten, Ihnen zu schreiben. Ich habe es getan, weil ich meine Schwester liebe, bitte Sie aber, meinen Namen nicht zu nennen, weil ich nicht möchte, dass man mich für verrückt hält.

2. Der Glaube an ein Jenseits und an ein Leben nach dem Tod

Im Anschluss an ihre Erfahrung:

- sagen **65 %,** dass sie an ein Leben nach dem Tod und/ oder an ein Jenseits glauben.
- äußern **35 %** sich nicht spontan zu diesem Thema.
- sagen **0 %**, dass sie nicht an ein Leben nach dem Tod und/oder an ein Jenseits glauben.

3. Angenehme oder unangenehme Wahrnehmung der Erfahrung

- **74 %** haben ihre außerkörperliche Erfahrung als angenehm empfunden und wünschen sich eine Wiederholung.
- **20 %** äußern sich nicht spontan zu diesem Thema.
- **6 %** haben die Erfahrung als unangenehm oder sogar extrem unangenehm empfunden und wünschen sich keine Wiederholung.

4. Durchschnittliches Alter

- Das Durchschnittsalter zum Zeitpunkt der Erfahrung

beträgt **38 Jahre**. Der jüngste Proband war **13 Jahre**, der älteste **84 Jahre** alt. Es scheint also keine altersabhängige Prädisposition zu geben.

5. **Geschlecht**
- In dieser Studie waren es zu **78 %** Frauen und zu **22 %** Männer. Die weibliche Überzahl ist meiner Meinung nach jedoch nicht maßgeblich, da ich auch mehr Post von Frauen als von Männern erhalte.

6. **Soziokulturelles Umfeld**
- Das soziokulturelle Umfeld scheint nicht maßgeblich zu sein. Ein Landarbeiter kann ebenso betroffen sein wie ein leitender Angestellter.

7. **Religion**
- Die Religionszugehörigkeit scheint nicht maßgeblich zu sein und wird in den Briefen, die ich erhalten habe, nur äußerst selten erwähnt.

8. **Wiederholung der Erfahrung**
- **62 %** geben nicht an, ob sie die außerkörperliche Erfahrung wiederholen konnten.
- **25 %** haben mehrere außerkörperliche Erfahrungen gemacht.
- **13 %** haben in ihrem Leben nur eine außerkörperliche Erfahrung gemacht.

9. **Das Bedürfnis, über die Erfahrung zu sprechen**
- **100 %** der Personen, die mit mir Kontakt aufgenommen haben, wollen über ihre Erfahrung sprechen, wobei die

Mehrheit aber anonym bleiben möchte aus Angst, für psychisch krank gehalten zu werden.

*

Insgesamt lässt sich sagen, dass eine nicht in Zusammenhang mit einem Nahtoderlebnis stehende außerkörperliche Erfahrung ein Phänomen ist, das als authentisch erlebt und nicht mit einem Traum oder mit einer Halluzination gleichgesetzt wird. Sie gibt den Menschen, die sie machen, mehrheitlich die Gewissheit, ein in einem Körper inkarniertes geistiges Wesen zu sein. Mir ist noch niemand begegnet, der nach einer außerkörperlichen Erfahrung den Tod mit dem absoluten Nichts gleichsetzt. Die Mehrzahl erklärt im Gegenteil ganz klar, dass sie an ein Leben nach dem Tod glaubt. Wie schon bei den Nahtoderfahrungen konnte ich in meiner Studie auch hier keinen vorhersagbaren Faktor herausarbeiten.

Experimente mit versteckten Zielobjekten

Wenn eine außerkörperliche Erfahrung ein echtes Phänomen und keine Folge einer Halluzination ist, wäre ein nichtlokales Bewusstsein in der Lage, entfernt platzierte visuelle Informationen mit präzisen Details zu benennen, die nur ersichtlich sind, wenn die betreffende Person sich bewegt. Die vorhandenen Berichte deuten in der Tat darauf hin, dass außerkörperliche Erfahrungen keine Halluzination sind.

Einige Forscher wollten außerkörperliche Erfahrungen in Verbindung mit einem Nahtoderlebnis objektiv darstellen, indem sie versteckte Zielobjekte über in stationärer Behandlung befindlichen Patienten platzierten, bei denen das Risiko eines Herzstillstandes bestand. Am 11. September 2008 stellten Dr. Sam Parnia, Kardiologe an der Klinik von Southampton (Großbritannien), und der kanadische Neurowissenschaftler Mario Beauregard ihr Projekt AWARE (*awareness during resuscitation*) bei den Vereinten Nationen in New York vor. Die Studie sieht vor, in insgesamt fünfundzwanzig Kliniken weltweit versteckte Zielobjekte über Patienten zu platzieren, bei denen ein Herzstillstand herbeigeführt werden soll, um spezielle chirurgische Eingriffe vorzunehmen. Bei diesen Zielobjekten handelt es sich um horizontal am oberen Ende hoher Säulen angebrachte Plasmabildschirme. Da diese Bildschirme zur Decke ausgerichtet sind, ist es für einen auf dem Operationstisch liegenden Patienten unmöglich, die ununterbrochen und nach dem Zufallsprinzip ausgestrahlten Bilder zu erkennen – es sei denn, er wäre in der Lage, seinen Körper zu verlassen und sich in die Luft zu erheben.

Meines Wissens sind derzeit nur drei Kliniken – eine davon in Montreal – mit diesen Systemen ausgestattet, die bisher jedoch noch keine Ergebnisse geliefert haben. Mein Kollege Jean-Pierre Postel, Chefarzt der Klinik von Sarlat in der Dordogne und Leiter der medizinischen Forschung am CNERIC (Centre national de recherche et d'information sur la conscience) hat auf seiner Intensivstation ebenfalls ein verstecktes Zielobjekt installiert: einen kleinen Bildschirm von der Größe einer Zigarettenschachtel, der sich in einem versiegelten Behälter befindet und ebenfalls ununterbrochen zufällige Bilder ausstrahlt. Bisher hat er allerdings noch keine aussagekräftigen Ergebnisse erzielt. Da die Versuche erst seit 2009 durchgeführt werden, ist es natürlich noch zu früh, um Schlussfolgerungen daraus ziehen zu können. Etwa zur gleichen Zeit wurden auch in allen Räumen der Intensivstation, auf der ich arbeite, Plasmabildschirme installiert. Wir haben es uns zur Gewohnheit gemacht, sie sicherheitshalber ständig eingeschaltet zu lassen. Obwohl die Bildschirme auf unserer Station zahlreicher, größer und leichter einsehbar sind als in Sarlat, hat bislang noch kein Patient von einem Fernsehprogramm berichtet, das er während eines Komas oder eines Herzstillstandes gesehen hat.

Die Grenzen des Experiments

Aus meiner Sicht ist es wenig wahrscheinlich, dass die Experimente mit versteckten Zielobjekten auf einer klassischen Intensivstation tatsächlich Früchte tragen können, und zwar aus mehreren Gründen.

1. Die Seltenheit der Erfahrungsberichte

Um einen gesicherten Bericht über eine außerkörperliche Erfahrung zu erhalten, muss der Patient einen Herzstillstand erleiden (was glücklicherweise nicht so häufig geschieht) und zu den 18 % gehören, die eine Nahtoderfahrung machen und darüber berichten. Es ist darüber hinaus bekannt, dass nur ein Teil dieser 18 % in der Lage ist, eine außerkörperliche Erfahrung zu beschreiben. In meiner Studie sind es etwa 40 %, anderen Autoren zufolge zwischen 30 % und 70 % der 18 %. Ein weiterer wesentlicher Punkt sollte ebenfalls nicht außer Acht gelassen werden: Menschen, die eine solche Erfahrung machen, vertrauen sich nur äußerst selten bereits in den Tagen danach jemand anderem an. Manchmal dauert es Monate oder gar Jahre, um ein Erlebnis zu verarbeiten, das alles in allem eine Randerfahrung bleibt. Noch dazu ist das Gespräch mit dem medizinischen Personal eine weitere, schwierig zu überwindende Hürde. Ein Arzt ist in diesem Zusammenhang gewiss der Letzte, der als mögliche Vertrauensperson in Betracht gezogen wird. Die Angst, für psychisch krank gehalten zu werden, stellt ein enormes Hindernis dar, das keinesfalls unterschätzt werden sollte.

2. Kein Bericht über die Wahrnehmung von Fernsehbildern während der Nahtoderfahrung

Unter den vielen hundert Berichten über Nahtoderlebnisse, die ich im Laufe der Jahre gesammelt habe, ist nicht ein Bericht, der die Wahrnehmung von Fernseh- oder Computerbildern während der Erfahrung bezeugt. Dabei haben einige dieser Erfahrungen in Klinikzimmern, an öffentlichen Orten (Café oder Supermarkt) oder zu Hause stattgefunden: Orte, an denen laufende Fernseher nicht unüblich sind. Auch meine Recherchen in der Literatur haben keinen einzigen Bericht über Film-, Video- oder Fernsehbilder während einer Nahtoderfahrung zutage gefördert. Den Grund dafür kenne ich nicht.

3. Das offensichtliche Desinteresse des Erlebenden an einem Bild auf einem Monitor

Bei einem meiner Vorträge äußerte ich meine Zweifel an der Effektivität von Experimenten mit versteckten Zielobjekten, um zu zeigen, dass die außerkörperlichen Erfahrungen während eines Nahtoderlebnisses keine Halluzinationen sind, als mich eine junge Frau ansprach. Sie hatte eine außerkörperliche Erfahrung im Kino gemacht, ausgelöst durch die Ruptur eines Hirnaneurysmas, und teilte uns ihre Erfahrung mit. Die folgende schriftliche Zusammenfassung hat sie mir einige Tage später freundlicherweise zukommen lassen.

> *An den Anfang des Films „Der Rausch der Tiefe" erinnere ich mich noch sehr gut, dann aber an nichts mehr. Ich war an der Schulter meines Mannes eingeschlummert. Er war nicht beunruhigt, denn das tat ich oft, wenn wir zusammen fernsahen oder im Kino waren. Ich lehnte mich an ihn an, wenn der Film oder das, was wir sahen, mich interessierte – nicht, um zu schlafen, sondern als Zeichen der Zuneigung, wenn wir einen intensiven Moment gemeinsam erlebten. An diesem Abend war es vollkommen anders, denn ich war tatsächlich an seiner Schulter eingeschlafen. Der Film interessierte mich sehr, aber ich hatte solche Kopfschmerzen, dass diese Ruheposition mir ein wenig Erleichterung verschaffte. Ich hatte herausgefunden, dass Schlafen ein Trick war, um die Schmerzen zu lindern, die meinen Schädel zu sprengen drohten. Ich erinnere mich, dass ich dachte: „Das ist großartig, du hast einen Trick gefunden, um die*

Kopfschmerzen zu lindern. Du musst nur ein wenig schlafen." Ich fühlte mich gut, so als ob ich plötzlich in ein kühles Bad eingetaucht wäre, wenn es draußen sehr heiß ist. Nach einer Weile wollte ich aufwachen und die Augen öffnen, um zu sehen, ob meine Kopfschmerzen völlig verschwunden waren (und um den Film weiterzuschauen). Aber als ich die Augen öffnete, sah ich nicht mehr die Kinoleinwand vor mir, sondern mich selbst. Ich befand mich über meinem Körper und sah mich, angelehnt an die Schulter meines Mannes. Ich befand mich an der Decke des Kinosaals. Ich wollte meinem Mann und den anderen Zuschauern mitteilen, dass ich dort oben war, aber das war nicht möglich. Ich habe umsonst gezappelt und geschrien, denn niemand hörte mich. Ich habe vergeblich versucht, mit den Kinobesuchern zu kommunizieren. Alle schienen von dem Film fasziniert zu sein, aber mir war der Film vollkommen egal, ich verspürte nie auch nur den geringsten Wunsch, auf die Leinwand zu schauen. Ich wollte, dass die Zuschauer wussten, dass ich dort oben war und alles sehen konnte. Der Saal war nicht beleuchtet, aber ich sah trotzdem alles, als ob es taghell wäre. Ich sah den Staub auf den Sesseln und die Zigarettenlöcher im Samt. Ich konnte den Zustand der Sessel durch die Menschen hindurch sehen, die darauf saßen. Ich besaß diese Fähigkeit. Es genügte, dass ich mich auf etwas konzentrierte, um es zu sehen. Ich bemerkte, dass der Sessel, auf dem mein schlafender Körper saß, die Nummer 33 trug, und dachte: „Das ist zweimal meine Glückszahl!" (Die Zahl 3 ist meine Glückszahl.) [...] Dann merkte mein Mann, dass ich schwer atmete. Er schüttelte mich, um mich zu wecken, aber vergeblich. Er geriet in Panik, legte mich auf die Bank und schrie: „Meiner Frau geht es schlecht!" Einige Leute riefen: „Ruhe!" Andere murrten darüber, dass sie gestört wurden. Nach einer Weile ging im Saal schließlich das Licht an, damit man mir helfen konnte.

Dieser Bericht zeigt, dass die bewusstlose Frau während ihrer außerkörperlichen Erfahrung zu keinem Zeitpunkt das Verlangen hatte, auf die Leinwand zu schauen, obwohl der Film, der dort lief, sie zunächst fasziniert hatte: *Mir war der Film vollkommen egal, ich verspürte nie auch nur den geringsten Wunsch, auf die Leinwand zu schauen.* Wenn, wie sie behauptet, die Lust, einen fesselnden Film auf einer Kinoleinwand zu sehen, im Zustand der außerkörperlichen Erfahrung völlig verschwindet, kann man auch Zweifel daran äußern, ob jemand daran interessiert ist, ein Zufallsbild auf einer Oberfläche zu beobachten, die hundertmal kleiner und darüber hinaus auch noch in einem versiegelten Behälter eingeschlossen ist.

4. Die „visuellen" Wahrnehmungen des nichtlokalen Bewusstseins passieren weder das Gehirn noch die Netzhaut

Diese Tatsache ist gesichert, da bei einem Herzstillstand die normale visuelle Reizweiterleitung ausgeschaltet ist. Hinzu kommt, dass auch Menschen, die von Geburt an blind sind, über visuelle Eindrücke während einer außerkörperlichen Erfahrung berichten.

Im Normalzustand können wir die Informationen wahrnehmen, die von einem auf eine Leinwand projizierten Film oder einem elektronisch abgetasteten Bild auf einem Fernsehmonitor stammen. Durch das Zusammenspiel zweier physiologischer Phänomene werden aus diesen Informationen kohärente Bilder: durch den *Phi-Effekt* im Gehirn und die *Trägheit des Auges*. Der *Phi-Effekt* ist die visuelle Empfindung von Bewegung, die durch das rasche Erscheinen von nacheinander wahrgenommenen Bildern hervorgerufen wird. Das Gehirn gleicht den fehlenden Übergang mit dem wahrscheinlichsten Bild aus. Die *Trägheit des Auges* erlaubt uns, stabile Bilder auf einem Monitor wahrzunehmen, obwohl sie nur intermittierend ausgestrahlt werden. Die vielfachen und regelmäßig wiederholten Unterbrechungen dauern nur einige Tausendstelsekunden. Wenn wir uns im Kino oder im Fernsehen einen Film anschauen, lässt diese Fähigkeit der Netzhaut uns ein flimmerfreies, klares und präzises Bild wahrnehmen. Man kann sich also zu Recht fragen, ob das Bewusstsein während einer außerkörperlichen Erfahrung, bei der alle Hirn- und Retinafunktionen ausgeschaltet sind, die Fähigkeit besitzt, Bilder auf einer Leinwand oder einem Fernsehmonitor wahrzunehmen. Die Wahrscheinlichkeit ist groß, dass es für Fernsehbilder ebenso „blind“ ist, wie es früher die Fotoapparate waren.

5. Ein fehlender Beweis ist kein Beweis dafür, dass etwas fehlt

Wenn diese Experimente über einen längeren Zeitraum von mehreren Jahren negative Resultate liefern, besteht die Gefahr, dass sie die Aussagen der Menschen in Misskredit bringen, die eine außerkörperliche Erfahrung und daraus schlussfolgernd eine Nahtoderfahrung gemacht haben. In Anbetracht der Argumente, die ich vorstehend dargelegt habe, ist es durchaus möglich, dass wir kein positives Ergebnis erzielen werden. Man sollte vor allem keine voreiligen Schlüsse ziehen, denn das hätte katastrophale Auswirkungen auf die Menschen, die regelmäßig solche Abenteuer erleben.

Immerhin gibt es diese Experimente und ich bestehe trotz allem darauf, dass die Fernsehgeräte in den Reanimationsräumen eingeschaltet bleiben. Man kann nie wissen.

FÜNFTER GRUND
Gemeinsame Todeserfahrungen

„Diejenigen, die im Augenblick ihres Todes verstorbene Verwandte am Fußende ihres Bettes gesehen haben, waren noch nicht im Jenseits und auch noch nicht tot, denn sie konnten reden!"

EIN „LEO" VON VIELEN

Geteilte Gefühle

Gemeinsame Todeserfahrungen sind ein weiteres wichtiges und relativ häufiges Phänomen, das darauf schließen lässt, dass das Leben nicht mit dem Tod endet. Berichte dritter Personen, dass sie – unabhängig davon, ob sie sich im Moment des Todes eines Menschen in dessen Nähe aufhielten oder nicht – das Gefühl hatten, der „Geist" des Verstorbenen habe seinen Körper verlassen, sind keineswegs selten. Die meisten von uns haben solche Geschichten schon einmal gehört. Hätte ich bei dem denkwürdigen Rettungsdiensteinsatz vor fünfundzwanzig Jahren, bei dem ich vergebens versucht habe, einen verletzten Mann zu reanimieren, im Moment seines Todes nicht körperlich gespürt, dass „etwas Lebendiges und Freudiges“ durch seine Schädeldecke entweicht, hätte ich mich wahrscheinlich niemals für das Jenseits interessiert und niemals etwas über dieses Thema geschrieben.[19] Dieses äußerst starke Gefühl der Befreiung des Geistes im Augenblick des Todes reichte aus, um mich ohne jeden Zweifel erkennen zu lassen, dass das Leben weitergeht, wenn wir unsere körperliche Hülle und die irdische Ebene verlassen haben. In meinen Vorträgen sage ich häufig: „Ich glaube nicht, dass es ein Leben nach dem Tod gibt, ich weiß es!“ Und ich weiß es vor allem dank dieser Erfahrung, die so stark und so intensiv war, dass sie mein Leben völlig verändert und mich dazu gebracht hat, neun Bücher über dieses Thema zu schreiben und sowohl in Frankreich als auch im Ausland zahllose Vorträge zu halten, in denen ich die These vertrete, dass der Geist den Tod des Körpers überlebt. Das zeigt, welche Bedeutung diesen gemeinsamen Todeserfahrungen zukommt. Sylvie Dethiollaz schreibt in ihrem Buch über Nahtoderfahrungen zu Recht:

> *Nebenbei sei angemerkt, dass viele derjenigen, die Theorien für diese Phänomene aufstellen, sie selbst nicht erlebt und folglich nur eine äußere Sicht darauf haben. So wie Psychoanalytiker sich selbst einer Analyse unterzogen haben müssen, sollten Menschen, die sich mit diesen Bereichen befassen, auf die eine*

---

19 Eine detaillierte Schilderung dieses Erlebnisses, das mein Leben grundlegend verändert hat, ist nachzulesen in: Charbonier J.-J.: *Les preuves scientifiques d'une vie après la vie*. Paris: Guy Trédaniel, éd. Exergue, 2008 (S. 22-23).

oder andere Art und Weise zumindest mit ihnen in Berührung gekommen sein.[20]

Der Anfang meines Buches *La médecine face à l'au-delà*[21] beschäftigt sich mit gemeinsamen Todeserfahrungen. Ich erzähle hier insbesondere die Geschichte von Dr. Jean-Pierre Postel (dem Initiator der Experimente mit versteckten Zielobjekten in Sarlat), der sich, als er den Todeskampf seines Vaters in einem Reanimationsraum miterlebte, plötzlich zusammen mit seiner Frau, einer Ärztin, und seinem Sohn, einem Krankenpfleger, im Tunnel einer Nahtoderfahrung wiederfand. Sie standen zu dritt am Krankenbett und konnten dieselbe Szene sehen: Ein Nebel entwich dem Brustkorb des Großvaters und sie hatten das Privileg, den bewegenden Aufbruch seines Wesens in einen Tunnel aus Licht mitzuerleben. Mein Buch ist im Oktober 2010 erschienen, zur gleichen Zeit wie das jüngste Buch von Dr. Raymond Moody.[22] Ohne uns abzusprechen, haben wir uns mit demselben Phänomen befasst.

---

20 Dethiollaz S., Fourrier C. C.: *États modifiés de conscience: NDE, OBE et autres expériences aux frontières de l'esprit.* Lausanne: Éditions Favre, 2011 (S. 212).

21 Charbonier J.-J.: *La médecine face à l'au-delà.* Paris: Guy Trédaniel, 2010 (S. 17-30).

22 Moody R., Perry P.: *Zusammen im Licht: was Angehörige mit Sterbenden erleben.* München: Goldmann, 2011. Die englische Originalausgabe mit dem Titel *Glimpses of eternity: sharing a loved one's passage from this life to the next* ist im Oktober 2010 erschienen.

Gemeinsame Todeserfahrungen laufen der Meinung der Kritiker zuwider

Es ist wichtig zu betonen, dass gemeinsame Todeserfahrungen keine Folge halluzinatorischer Phänomene sein können, die durch Hypoxie oder eine andere Stoffwechselstörung des Gehirns ausgelöst wurden, wie Kritiker behaupten mögen. Menschen, die solche Erfahrungen machen, sind körperlich und geistig gesund und haben – im Gegensatz zu Menschen, die eine direkte Nahtoderfahrung machen – weder eine bestimmte Erkrankung noch ein Hirntrauma erlitten. Es ist bemerkenswert, dass die Erfahrungen von Menschen, die einem Sterbenden beistehen, eine Parallele zu den Erfahrungen der Menschen aufweisen, die vom Tod zurückgekehrt sind. Auch sie berichten, dass sie ein Licht oder einen Tunnel gesehen haben. Dies ist also ein zusätzliches Argument dafür, dass das Bild eines Tunnels kein halluzinatorisches Phänomen infolge einer Hypoxie im Hinterhauptlappen sein kann.

Vierundsechzig Fälle

Für diese Untersuchung habe ich alle Schreiben zusammengefasst, die ich in Zusammenhang mit gemeinsamen Todeserfahrungen erhalten habe. Viele der 64 relevanten Fälle weisen sehr große Ähnlichkeiten auf. Statt kurze Auszüge aus allen Berichten wiederzugeben, habe ich mich dafür entschieden, sie zu untergliedern und ihre Besonderheiten herauszuarbeiten, um sie gegeneinander abzugrenzen. Es wäre tatsächlich ermüdend, Erfahrungsberichte zu lesen, die in vielen Punkten übereinstimmen und sich lediglich in der Ausdrucksweise und der Persönlichkeit ihrer Verfasser unterscheiden.

Wenn man alle diese Geschichten liest, wird deutlich, dass sie in zwei Gruppen eingeteilt werden können: Einige Erfahrungen fanden in Gegenwart des Verstorbenen statt, bei anderen waren die betreffenden Personen räumlich weiter von ihm entfernt. Ich habe an dieser Stelle die Berichte von Marie Laure V. und Raymond L. ausgewählt, um die Unterschiede zwischen beiden Fällen zu verdeutlichen.

Marie Laure V.: Eine gemeinsame Todeserfahrung in Gegenwart der verstorbenen Person

> *Als meine Mutter hinüberging, konnte ich an ihrer Seite sein. Ich will Ihnen berichten, was dabei geschehen ist. Sobald ich mir diese Momente in Erinnerung rufe, habe ich alles vor Augen, als wäre ich noch immer dort. Mutter lag in ihrem Bett. Ich wusste, dass ihr nicht mehr viel Zeit blieb. Ihre Atmung wurde immer langsamer und sie fühlte sich immer kälter an. Es war früh am Morgen und ich hatte die ganze Nacht bei ihr im Krankenhaus verbracht. Sie war seit mehreren Tagen bewusstlos. Die Ärzte hatten sich dafür entschieden, keine anstrengenden Behandlungen mehr durchzuführen, denn ihr Krebs hatte das Spiel gewonnen. Sie erhielt nur*

noch eine Infusion mit Morphium, das ihr über eine große Spritze automatisch und kontinuierlich injiziert wurde. Am Vortag war gegen 16 Uhr die Krankenschwester gekommen, um die Durchflussmenge des Morphiums von 3 auf 8 zu erhöhen. Sie teilte mir mit, dass meine Mutter vermutlich in einigen Stunden gehen würde. Also blieb ich. Ich wartete den ganzen Nachmittag. Um 19 Uhr rief ich zu Hause an, um zu sagen, dass ich nicht zum Abendessen kommen würde, und um 22 Uhr erneut, um zu sagen, dass ich noch bleiben würde. Gegen 23 Uhr kam mein Mann und brachte mir etwas zu essen, eine Thermoskanne mit Kaffee und eine große Decke. Ich habe nur die Decke benutzt. Essen konnte ich nichts. Er bot an, bei mir zu bleiben, aber das lehnte ich ab. Ich wollte lieber mit meiner Mutter allein sein, um mit ihr zu reden, um über die guten Zeiten zu lachen, die wir zusammen verbracht hatten, und um ganz ungehemmt zu weinen. Denn ich sprach mit ihr. Ich sprach telepathisch mit ihr. Ich erinnerte mich an Sie und Ihren Vortrag, in dem Sie erklärten, wie man mit sterbenden Menschen und Komapatienten umgehen soll. Was Sie an diesem Abend gesagt haben, hat mir sehr geholfen, und ich kann Ihnen nicht genug dafür danken. Gegen 5 Uhr morgens passte meine Atmung sich dem Atemrhythmus meiner Mutter an und eine Art von Nebel kam aus meinem Mund. Dieser Nebel wurde sehr dicht und mächtig und füllte den ganzen Raum aus. Dann hörte ich einen sehr hohen Pfeifton, gefolgt von einem sehr tiefen Summton und einer wunderbaren, äußerst seltsamen Musik, die unmöglich zu beschreiben ist. Ich glaubte zu sitzen, stellte aber fest, dass ich waagerecht in diesem Nebel schwebte, der so dicht war, dass er mir jede Sicht raubte. Ich spürte, dass ich mich sehr schnell bewegte und in ein anderes Universum eintauchte, das nichts mit dem Raum gemein hatte, in dem wir uns befanden. Plötzlich sah ich eine Hand, die sich nach mir ausstreckte, und ergriff sie sofort, ohne zu überlegen. Der Besitzer dieser Hand musste sich in der gleichen Situation befinden wie ich, da er sich mit der gleichen Geschwindigkeit bewegte. Als ich an der Hand zog, tauchte aus dem Nebel ein Arm auf, eine Schulter, dann ein Frauenkörper in einem weißen Schleier, die Haare und dann ein lächelndes Gesicht, das mich ansah. Es war meine Mutter, aber viel jünger und kerngesund. Sobald ich sie erkannt hatte, ließ sie meine Hand los und verschwand. Dann löste sich der Nebel im Raum auf und ich fand mich wie zu Beginn neben meiner Mutter sitzend wieder, die nicht mehr atmete. Ich rief die Krankenschwester. Meine Mutter war gerade verstorben.

66 % der Fälle in meiner Studie betreffen gemeinsame Todeserfahrungen in Gegenwart der verstorbenen Person

Von den **42** untersuchten Fällen:

- hatten **31** Personen visuelle Wahrnehmungen in Form von Rauch, Nebel, dunstartigen Silhouetten oder mehr oder weniger gut erkennbaren Lichtformen.

- hatten **11** Personen körperliche Wahrnehmungen wie Atemzüge (8 Fälle), eine physische Präsenz (2 Fälle) oder Berührungen (1 Fall).

Raymond L.: Eine gemeinsame Todeserfahrung in räumlicher Entfernung zur verstorbenen Person

Mein Bruder war Pfeifenraucher. Er hatte immer eine Pfeife bei sich. Auf allen Fotos war er mit Pfeife zu sehen. Er besaß eine ganze Sammlung, gerade und gebogen, alle Formen und Größen. Er reiste viel und konnte es nicht lassen, vor seiner Abreise immer eine neue Pfeife als Andenken an das Land zu kaufen, das er besucht hatte. Da alle seine Vorliebe kannten, bekam er bei jeder sich bietenden Gelegenheit eine Pfeife geschenkt. Er füllte sie stets mit der gleichen Tabaksorte, die einen ganz besonderen Duft verströmte, den ich sehr mochte. Mein Bruder und ich waren uns sehr nahe. Es verging nie mehr als eine Woche, ohne dass wir mindestens einmal miteinander telefonierten. Häufig passierte es, dass genau in dem Moment, in dem ich ihn anrief, er gerade meine Nummer wählen wollte, und umgekehrt. Eines Tages kamen wir bei einem gemeinsamen Freund mit dem gleichen Geburtstagsgeschenk an, das wir für originell hielten, nämlich einem Garderobenständer, den wir beim selben Händler gekauft hatten. Bei einer Diskussion passierte es nicht selten, dass wir im selben Moment den gleichen Satz sagten. Es gibt noch eine Vielzahl von Beispielen dieser Art, die belegen, dass wir die Fähigkeit hatten, telepathisch miteinander zu kommunizieren. An jenem Tag war ich seit zwei Stunden mit dem Auto unterwegs und als ich plötzlich einen starken Drang nach Schlaf verspürte, beschloss ich, die Autobahn zu verlassen und einen Rastplatz aufzusuchen, um ein wenig frische Luft zu schnappen und mir die Beine zu vertreten, bevor ich weiterfuhr. Als ich aus dem Auto ausgestiegen war, spürte ich, wie sich zwei Finger in meinen Rücken bohrten. Das tat mein Bruder oft, wenn er ganz plötzlich hinter mir auftauchte, um mich zu erschrecken. Gleichzeitig roch ich auch den Duft seines Pfeifentabaks und mich überkam eine schlimme Vorahnung, die mir den Boden unter den Füßen wegzureißen drohte. Ich schaute auf meine Armbanduhr. Es war 15:20 Uhr. Kurze Zeit später klingelte mein Handy, aber es war nicht mein Bruder, sondern mein Vater, der mir mitteilte, dass mein Bruder bei einem Autounfall ums Leben gekommen war, und zwar im selben Moment, in dem ich diese schlimme Vorahnung gehabt hatte.

34 % der Fälle in meiner Studie betreffen gemeinsame Todeserfahrungen in räumlicher Entfernung zur verstorbenen Person

Von den **22** untersuchten Fällen:

- hatten **17** Personen eine Vorahnung oder Gefühle von Unbehagen oder Energieverlust.
- sahen **9** Personen einen Gegenstand entweder mit besonderem Symbolcharakter, wie ein Kruzifix (1 Fall) oder

einen Kugelschreiber, der dem Verstorbenen gehörte (1 Fall), oder ohne Symbolcharakter, wie eine nicht definierbare geometrische Form (1 Fall), oder die Gestalt des Verstorbenen (6 Fälle).

- hatten **3** Personen eine olfaktorische Wahrnehmung, wie das Parfum des Verstorbenen (1 Fall), den Duft des Tabaks, den der Verstorbene rauchte (1 Fall), oder ein Parfum, das nach Rosen duftete (1 Fall).
- hatten **3** Personen taktile Wahrnehmungen.

Die Summe der unterschiedlichen Wahrnehmungen in räumlicher Entfernung zur verstorbenen Person ist größer als 22, weil in einigen Fällen mehrere Phänomene gleichzeitig auftraten, wie etwa im oben geschilderten Beispiel, bei dem eine Vorahnung (die nur selten fehlt), ein Gefühl des Energieverlusts (Müdigkeit am Lenkrad), eine olfaktorische Wahrnehmung (der Duft des Pfeifentabaks, den der Verstorbene rauchte) und eine taktile Wahrnehmung (ein Druckgefühl im Bereich des Rückens) gleichzeitig beschrieben werden.

Es ist wichtig, darauf hinzuweisen, dass die 64 Erfahrungsberichte von psychisch stabilen und sozial gut integrierten Personen geschrieben wurden, die sich vorher noch nie in psychiatrischer Behandlung befunden hatten. Soziokulturelles Umfeld, Religion, Alter oder Geschlecht scheinen auch hier keinen Einfluss auf das Auftreten der Erfahrung zu haben.

59 Personen berichteten, dass die Erfahrung ihren Glauben an ein Leben nach dem Tod gestärkt und den Schmerz ihrer Trauer gelindert habe. **5** Personen äußerten sich nicht zu diesem Thema. **Keiner** behauptete, dass das Jenseits nicht existiere. **Keiner** glaubte, geträumt oder halluziniert zu haben.

Insgesamt ist festzuhalten, dass in meiner Studie gemeinsame Todeserfahrungen in Gegenwart der verstorbenen Person häufiger aufzutreten scheinen als in räumlicher Entfernung zu ihr, dass im letzteren Fall die an der Erfahrung beteiligten Personen nahezu immer eine Vorahnung hatten und dass es zwar Erscheinungen gibt, sie aber eine Ausnahme bleiben. In der großen Mehrzahl der Fälle lindert die Erfahrung den Schmerz der Trauer und verstärkt den Glauben an ein Leben nach dem Tod.

SECHSTER GRUND
Medialität

„An dem Tag, an dem mir ein Medium die
Gewinnkombination im Lotto nennt,
fange ich vielleicht an, daran zu glauben!"

Ein „Leo" von vielen

Gemeinsame Todeserfahrungen und Medialität

Die gemeinsamen Todeserfahrungen, die wir im vorherigen Kapitel gesehen haben und die auch Raymond Moody beschreibt, können als „mediale Phänomene" bezeichnet werden.

Der Begriff des Mediums wurde – und wird – von gerissenen Profiteuren und Scharlatanen aller Art so sehr missbraucht, dass man in einem seriösen Gespräch schon als Spinner abgestempelt wird, wenn man das Wort nur in den Mund nimmt. Glücklicherweise ändern sich die Dinge ganz allmählich, weil das Denken voranschreitet und die moderne, intellektuelle Welt sich mehr und mehr für die

Spiritualität öffnet. Wenn wir akzeptieren, dass ein nichtlokales Bewusstsein nach dem Tod fortbesteht und dass das Gehirn ein Sendeempfänger für das Bewusstsein ist, dann ist es nur logisch anzunehmen, dass bestimmte Rezeptoren im Gehirn leistungsfähiger sind als andere, wenn es darum geht, Informationen zu empfangen. Unsere Fähigkeiten sind unterschiedlich stark ausgebildet und das gilt natürlich auch für die Medialität. Ich verwende in meinen Vorträgen oft eine Metapher, die das Publikum erheitert: „Jeder von uns ist ein Medium. Manche sind einfach nur begabter und offener für die geistige Welt als andere. Wie ein Fernseher besitzen auch wir Antennen, um Botschaften zu empfangen, aber leider haben die meisten Menschen den Stecker herausgezogen. Ganz wenige sind durch große Parabolantennen verbunden, die über ihrem Kopf schweben, und das sind die, die man als Medium bezeichnet."

Das Phänomen der Medialität

Menschen haben seit jeher geglaubt, dass verstorbene Verwandte oder Freunde ihnen geistigen Schutz gewähren, und manche haben sogar mit ihnen gesprochen. Dies ist entweder direkt oder durch die Vermittlung eines Mediums möglich.

Ein Medium ist ein Mensch, von dem es heißt, dass er die Gabe besitzt, mit den Verstorbenen zu kommunizieren, um Informationen über die Vergangenheit, die Gegenwart, die Zukunft oder auch die Bedingungen des Lebens im Jenseits zu erhalten. Er tritt im Rahmen eines besonderen Rituals mit dem Geist einer verstorbenen Person in Kontakt und übermittelt die Botschaften, die er empfängt, an die lebenden Personen, für die sie bestimmt sind. Wie bei den gemeinsamen Todeserfahrungen, mit denen wir uns im vorherigen Kapitel befasst haben, werden die medialen Informationen auch hier durch *Hellsichtigkeit* (Erscheinungen), *Hellhörigkeit* (Stimmen) oder *Hellfühligkeit* (körperliche Empfindungen) empfangen. Diese drei Wahrnehmungsformen können einzeln, unabhängig voneinander oder gleichzeitig auftreten.

Man könnte beispielsweise sagen, dass der Koran, bestimmte Passagen der Bibel oder die Veden von medial veranlagten, *hellhörigen* Menschen empfangen wurden, die diese heiligen Schriften nach einem Diktat des göttlichen Geistes verfasst haben.

Dank des Mediums kann sich der Geist eines verstorbenen Menschen auch mittels physikalischer Phänomene äußern, meist durch die Bewegung von Gegenständen oder eines Tischs oder durch Klopfen oder Materialisation. Parapsychologen, deren Denken spiritistischen Werken entspringt, fassen alle diese Einwirkungen des Geistes auf die Materie unter dem Begriff der *Psychokinese* oder *Telekinese* zusammen. Es gibt zahlreiche Belege dafür, dass wir Energien, deren Ursprung außerhalb unseres Körpers liegt, übertragen und kanalisieren können, um unsere Umgebung zu beeinflussen. Dank seiner außergewöhnlich hoch entwickelten Fähigkeit, Energie zu leiten, spielt ein Medium die Rolle des Mittlers zwischen der Welt der Lebenden und der geistigen Welt. Der Vollständigkeit halber muss an dieser Stelle auch die *Medialität durch Inkorporation* erwähnt werden, die vor allem bei bestimmten spiritistischen Medien zu beobachten ist. In diesem Fall „bewohnt" der „besuchende" Geist den Körper des Mediums, das bestimmte Eigenschaften der verstorbenen Person wie deren körperliche Erscheinung, Gestik, Stimme und sogar Gesichtszüge perfekt nachahmen kann. Das inkorporierte Medium kann sich später meist nicht an diese äußerst spektakuläre Episode erinnern. Das *automatische Schreiben* kann als eine Form von teilweiser Inkorporation betrachtet werden. Die Hand des Mediums wird in diesem Fall komplett geführt, um Botschaften zu schreiben. Davon zu unterscheiden ist das *inspirierte Schreiben*, bei dem das Medium die Informationen überträgt, die es bei klarem Bewusstsein über den Sendeempfänger des Gehirns erhalten hat.

Die Arbeit eines Mediums vor Publikum

Ich habe zahlreiche Einladungen von Vereinen für Trauerbegleitung angenommen, Vorträge über Nahtoderfahrungen zu halten. Sie haben mir auch die Möglichkeit gegeben, an vielen medialen Sitzungen vor Publikum teilzunehmen. Nach dem Vortrag des Referenten tritt das Medium mit dem Jenseits in Kontakt und übermittelt Botschaften, indem es entweder direkt oder mithilfe von Fotos verstorbener Personen, die ihm vorgelegt wurden, auf die entsprechenden Zielpersonen im Publikum zeigt. Trotz meiner langjährigen Erfahrung bin ich immer wieder erstaunt darüber, mit welcher Präzision bestimmte Medien die Erkennungszeichen verstorbener Personen beschreiben können. Wie kann ein Medium beispielsweise wissen, dass eine Mutter einen blauen Teddybären in den Sarg ihres Kindes gelegt hat, ehe es zu Grabe getragen wurde, oder dass ein verstorbener Soldat nicht damit einverstanden ist, dass seine Asche im Wohnzimmer der untröstlichen Witwe zur Schau gestellt wird? Wie kann es diese Details in Erfahrung bringen, wenn nicht durch den direkten Kontakt zur verstorbenen Person?

Die erste Sitzung vor Publikum, an der ich teilgenommen habe, werde ich niemals vergessen. Die Erkennungszeichen, die das Medium beschrieb, waren so präzise, dass ich glaubte, es mit einem Theaterstück zu tun zu haben, bei dem zahlreiche Mitspieler im Publikum verteilt waren. Damals war ich auch noch ein „Leo" wie die meisten meiner Zeitgenossen. Ich war davon überzeugt, dass Medien allesamt Betrüger oder Scharlatane waren, was schon äußerst erstaunlich ist, wenn man bedenkt, dass ich in meinem Leben noch nie auch nur ein einziges Medium bei der Arbeit erlebt hatte! Das zeigt, wie stark unsere Vorurteile und vorgefassten Meinungen sind! In dieser Geisteshaltung lauschte ich an jenem Tag also der Darbietung der Person, die in kürzester Zeit das Gebäude meiner Gewissheiten zum Einsturz bringen würde. Das Medium richtete das Wort an mich und sagte, meine Mutter sei erschöpft und krank, werde sich aber sehr rasch erholen. Das ist leicht herauszufinden, dachte ich. Da der Prediger wusste, dass ich zu einem Vortrag hier sein würde, musste er seine eigenen Nachforschungen angestellt und erfahren haben, dass meine Mutter sich gerade einer Operation an der Gallenblase unterzogen hatte, einem ganz alltäglichen chirurgischen Eingriff, der im Übrigen sehr gut verlaufen war. Als er mir im weiteren Verlauf des Gesprächs jedoch Einzelheiten aus meiner Vergangenheit berichtete, die nur ich kannte, wie etwa den Vornamen der Frau, der ich nach dem Tod ihres Mannes geholfen hatte, geriet etwas in mir ins Wanken: Was, wenn es doch wahr war? Was, wenn ein Medium die Fähigkeit besaß, sich mit einer Art von Datenbank aus der Vergangenheit zu verbinden? Was, wenn ein Medium wirklich in Kontakt mit der geistigen Welt stand, die nichts anderes war als ein Universum voller Informationen, zu denen man hin und wieder Zugang erlangen konnte? Was, wenn das Jenseits tatsächlich existierte? Heute stelle ich solche Überlegungen nicht mehr an, weil ich weiß, dass alles, was ich bei diesen vielen medialen Sitzungen erlebt habe, nur durch positive Antworten auf diese Fragen erklärt werden kann.

Die Argumente der Kritiker

Das Gerede der Menschen, die Medialität verunglimpfen, kenne ich auswendig. Die Argumente, die sie unentwegt wiederholen, sind immer gleich: Sie beschränken sich darauf, die Arbeit des Mediums zu diskreditieren, indem sie vermeintliche Täuschungen anprangern, die ihm erlauben sollen, seine Botschaften zu übermitteln, und gleichzeitig mit dem Finger auf den kommerziellen Aspekt seiner Arbeit zeigen. Diese Menschen wissen in der Regel nichts über das Phänomen und haben in den meisten Fällen noch nie im Leben an einer Sitzung teilgenommen – ob öffentlich oder in einer Einzelberatung. Es ist deshalb ausgesprochen einfach, ihnen die Schwächen ihrer Beweisführung aufzuzeigen. Ich möchte an dieser Stelle noch einmal deutlich machen, dass es auch auf dem Gebiet der Medialität natürlich sehr viele Gauner und Scharlatane gibt und dass Vorsicht deshalb durchaus angebracht ist. Dennoch sollte man keine voreiligen Schlüsse ziehen, indem man alle über einen Kamm schert. Bösewichte gibt es in allen Berufsgruppen und auch die Medizin ist davon nicht ausgenommen.

Nachfolgend also die wichtigsten Klagepunkte, die dieser zweifelhaften Tätigkeit zugeschrieben werden:

Das Medium verhindert die Trauerarbeit der Menschen, die eine geliebte Person verloren haben.

Falsch. Das Gegenteil ist der Fall. Trauerarbeit bedeutet, den Fortgang des geliebten Menschen zu akzeptieren. Sie bedeutet ganz gewiss nicht, ihn zu vergessen. Es ist vollkommen unmöglich, eine Vergangenheit voller Liebe, Zuneigung oder Freundschaft aus der Erinnerung zu löschen. Ich habe erlebt, dass Eltern, die durch den Verlust eines Kindes völlig am Boden zerstört waren, ihr psychisches Gleichgewicht wiederfanden und ihre Selbstmordgedanken aufgaben, nachdem sie dank des Kontakts, den ein Medium herstellen konnte, von der anderen Seite des Schleiers ein Zeichen ihres geliebten Kindes erhalten hatten.

*

Alle sogenannten Medien sind Scharlatane, die die Not anderer Menschen ausnutzen, um Geld damit zu

machen. Wenn sie wirklich eine Gottesgabe empfangen hätten, um anderen Menschen zu helfen, dürften sie sich nicht bezahlen lassen.

Dieser Argumentation stimme ich nicht zu. Das Leben ist eine Gabe Gottes. Unsere vielfältigen und unterschiedlichen Fähigkeiten sind Gaben Gottes. Die Fähigkeit, ein langes und schwieriges Studium zu absolvieren, um Arzt zu werden, ist beispielsweise auch eine Gabe Gottes. Bedeutet das, dass wir die Menschen deshalb kostenlos behandeln müssen? Um den Menschen möglichst viele Botschaften zu übermitteln, wenn man die Fähigkeit dazu besitzt, sollte man sich voll und ganz dieser Aufgabe widmen, und der beste Weg, dieses Ziel zu erreichen, besteht darin, sie zu seinem Beruf zu machen. Ein Medium, das angemessene Preise verlangt, um anderen Menschen zu helfen, und von seinem Können lebt, ist alles andere als anstößig. Menschen, die behaupten, dass ein echtes Medium sich nicht bezahlen lassen würde, arbeiten selbst nur selten unentgeltlich, um anderen Menschen zu helfen!

*

Die sogenannten Medien sind gute Psychologen, die wie Mentalisten arbeiten. Sie passen ihre Vorhersagen und Botschaften an die Reaktionen und an das Verhalten ihrer Klienten an.

Falsch. Man braucht nur an den Sitzungen eines Mediums teilzunehmen, um zu erkennen, dass bestimmte Informationen mit dieser Methode nicht in Erfahrung gebracht werden können. Dazu gehört beispielsweise die Beschreibung des blauen Teddybären, der in einen Kindersarg gelegt wurde.

*

Die sogenannten Medien bedienen sich telepathischer Fähigkeiten, um Informationen von ihren Klienten zu sammeln.

Falsch, denn es gibt Informationen, die dem Klienten zum Zeitpunkt des Kontakts vollkommen unbekannt sind und ihm erst viel später offenbart werden. Der Brief von Pierre Jouais liefert den Beweis:

> *[...] Das Medium beharrte erneut darauf und erklärte: „Die Wesenheit neben Ihnen trägt einen Lederhelm mit Fliegerbrille und zeigt mir ein kleines Gemälde mit zwei großen Vögeln darauf. Sind Sie sicher, dass Ihnen das nichts sagt? Nein? Nun, das macht nichts. Suchen Sie danach. Vielleicht finden Sie es später heraus." Als ich nach Hause zurückkehrte, erzählte meine Mutter mir tatsächlich, dass das Aquarell, das in ihrem Zimmer hing und auf dem zwei rosa Flamingos am Ufer eines Sees zu sehen waren, ihr von einem Großonkel geschenkt worden war, der als Luftpostpilot bei einem Diensteinsatz sein Leben verloren hatte.*

*

Die Informationen, die ein Medium übermittelt, entspringen ausschließlich seinem eigenen Unterbewusstsein.

Falsch, denn manche Botschaften werden in einem Dialekt übermittelt, der dem Medium völlig unbekannt ist. Man bezeichnet dieses Phänomen als Xenoglossie. Es ist wohl offensichtlich, dass die Informationen in diesem Fall nicht dem Unterbewusstsein des Mediums entsprungen sein können. Xavier Bartoroki hat diese Erfahrung während einer medialen Sitzung vor Publikum gemacht:

> *[…] Das Medium wandte sich mir zu und äußerte eine Reihe unverständlicher Sätze, die es nach eigenem Bekunden selbst nicht verstand. Meine Halbschwester, die neben mir saß, hatte dagegen alles verstanden. Es war unser verstorbener Vater, der mir in polnischer Sprache zum Geburtstag gratulierte. Und ich hatte an diesem Tag tatsächlich Geburtstag …*

*

Ein Medium, das Voraussagen über die Zukunft macht, die sich später als falsch erweisen, ist ein schlechtes Medium.

Falsch. Wenn man einräumt, dass ein Medium auf eine Datenbank potenzieller Zukunftsformen zugreifen kann, kann schon allein die Weitergabe der Information an die betreffende Person die Voraussage des Mediums verändern.

Aufgrund einer ihrer Meinung nach schlechten Voraussage bleibt Charlotte Gondais medialen Fähigkeiten gegenüber skeptisch:

> *Ich habe große Zweifel an den Fähigkeiten sogenannter Medien. Ein Medium, das ich aufgesucht habe, hat mir vorausgesagt, dass ich in diesem Sommer einen kleinen Autounfall haben würde. Ich habe meine Fahrten daraufhin auf ein Minimum begrenzt, aber der Sommer ist vergangen, ohne dass ich einen Unfall gehabt hätte. Jetzt bedaure ich, dass ich ihm geglaubt habe, denn die Angst vor diesem Unfall hat mir die ganzen Sommerferien verdorben.*

Hätte Charlotte die Warnung des Mediums nicht beachtet, wäre sie vielleicht weniger vorsichtig in ihren Entscheidungen gewesen und hätte infolgedessen diesen Unfall tatsächlich erlitten. Die Frage ist durchaus berechtigt.

SIEBTER GRUND
Zeichen aus dem Jenseits

„Zeichen, Zeichen, Zeichen …
Ich habe noch nie ein einziges Zeichen bekommen!
Ich bin davon überzeugt, dass das alles Unsinn ist!"

EIN „LEO" VON VIELEN

Oft kommen Menschen zu mir, um mir vom Verlust eines nahen Angehörigen zu berichten und mir zu sagen, dass sie untröstlich sind, weil sie kein einziges Zeichen aus dem Jenseits erhalten haben, das dessen Weiterleben beweisen würde. Sie fragen mich: „Warum erhalten andere ein Zeichen und ich nicht? Was muss ich tun, um ein Zeichen zu erhalten? Wie muss ich vorgehen?" Ich habe auf diese Fragen keine genauen Antworten, aber was ich weiß und was ich ihnen sage, ist, dass die Zeichen aus dem Jenseits überall zu finden sind, weil Gott überall ist, und dass es ausreicht, sein Herz zu öffnen, um sie entdecken und annehmen zu können. Jean Prieur schreibt in seinem Buch *Les morts ont donné signes de vie*[23] dazu:

23 Prieur J.: *Les morts ont donné signes de vie*. Paris: Éditions Le Temps Présent, 2011.

Das Zeichen, der Einbruch des Unsichtbaren in das Sichtbare, legt Zeugnis ab für eine Präsenz, wenn wir uns in der Verbannung und in der Einsamkeit glauben. Es steht uns bei, wenn wir uns im lodernden Feuer der Prüfung wiederfinden. Unentgeltlich gegeben, aus Liebe, erreicht es uns im Verborgenen und in der Stille. […] Es ist selten wie kostbare Edelsteine. Es muss selten sein. Da das Zeichen persönlich ist, können andere es nicht verstehen. Sie kennen nicht das Anliegen, nicht die Frage, auf die es die Antwort gibt.

Das Zeichen informiert, gibt Rat, stimmt froh und ermutigt. Der Himmel sendet Zeichen, die aber nicht immer als solche erkannt und angenommen werden, weil viele Menschen sich mit einem undurchdringlichen Panzer umgeben haben.

Der Himmel kann dafür sorgen, dass unsere Nacht nicht zu tief wird, aber er lässt sich nicht zwingen. Es ist ausgeschlossen, dass wir ihm ein Ultimatum stellen.

Es ist also unumgänglich, dass wir uns der Spiritualität öffnen, um die Zeichen aus dem Jenseits wahrzunehmen. Dennoch ist es nicht verboten, einen wissenschaftlichen Ansatz zu verfolgen, um sie aus der Informationsflut herauszulösen, die pausenlos auf uns eindringt.

Die Wissenschaft geht stets auf die gleiche Weise vor. Sie versucht, beobachtbare Phänomene zu integrieren, indem sie ein kohärentes Funktionsmodell vorlegt, das gültig ist, bis es von einem neuen Element widerlegt wird. Es liegt also auf der Hand, dass, wenn man Nahtoderfahrungen, Telepathie, Intuition, Vorahnungen, künstlerische Inspiration und Medialität als real akzeptiert, das Modell des Gehirns als „Sendeempfänger für das Bewusstsein" uns die Möglichkeit gibt, die aufwühlenden Ereignisse zu akzeptieren, die die Grundprinzipien materialistischen Denkens und damit das von ihnen gepredigte unumstößliche Dogma des Gehirns als „Bewusstseinsabscheider" zu Staub zerfallen lassen.

Bei diesem bahnbrechenden Modell eines Sendeempfängers ist das Bewusstsein, das empfangen wird, ein Informationsfluss, der entweder von einem nichtlokalen Bewusstsein, wie es bei einem Nahtoderlebnis auftritt, oder von einem Sender im Gehirn, wie im Fall von Telepathie, oder von einem Bewusstseinsfeld, in dem Informationen gespeichert sind, wie bei Vorahnungen, Intuition oder künstlerischem Schaffen, oder – warum nicht – von einem nicht inkarnierten Bewusstsein herrührt, wie es bei der Medialität der Fall ist.

Fernwahrnehmungen

Die Informationen, die im Gehirn ankommen, sind nicht immer kontrolliert. Manchmal kann die Empfangseinheit im Gehirn durch Hellsichtigkeit auch Botschaften empfangen, die in diesem Moment vollkommen unverständlich sind. Die Erklärung folgt erst zu einem späteren Zeitpunkt und rein zufällig.

Françoise Fulin war so freundlich, mir ihren Erfahrungsbericht zu überlassen, der ein perfektes Beispiel für diese Art des Informationsempfangs ist.

Meine fünfundzwanzigjährige Tochter und ihr Freund lebten zu diesem Zeitpunkt in Italien. Eines Abends, als ich noch wach im Bett lag, sah ich sie plötzlich in ihrer Wohnung. Ihr Freund lag ausgestreckt auf einem Sofa, hielt sich den Kopf und weinte. Meine Tochter hatte sich hinter der Gardine versteckt und schien verängstigt. Weil ich die Bedeutung dieser Bilder nicht verstand, rief ich sie am darauffolgenden Tag an und fragte, was passiert sei. Hatten sie etwa einen Unfall gehabt, weil ich ihren Freund weinen „gesehen" hatte? Sie sagte: „Hör auf, Mama, du machst mir Angst!" Sie erzählte mir, dass sie die Beziehung zu ihrem Freund beendet hatte, nachdem er sie dabei überrascht hatte, wie sie hinter der Gardine versteckt mit einem Mann telefonierte, in den sie sich verliebt hatte und der sie bedrängte, ihren Freund zu verlassen. Sie war vollkommen durcheinander, wusste nicht, wie sie sich entscheiden sollte, und war in Panik geraten. Und ich, viele hundert Kilometer von ihr entfernt, habe vor meinem inneren Auge diese Szene gesehen, ohne sie zu verstehen.

Ich habe nie wieder eine solche Vision gehabt und bin darüber auch fünfzehn Jahre später noch immer vollkommen verblüfft.

Künstlerische Inspiration

Der französische Schriftsteller Didier van Cauwelaert[24] ist bekannt für seine Überzeugung, dass man mit verstorbenen Menschen kommunizieren kann und dass es ein Leben nach dem Tod gibt. Er hat nicht nur die Vorworte zu Erfahrungsberichten über Kontakte mit dem Jenseits verfasst, darunter *La vie de l'autre côté* von Michèle Decker oder *Karine après la vie* von Maryvonne und Yvon Dray, sondern dieses Thema auch in einigen seiner Romane aufgegriffen, darunter *La vie interdite* (deutschsprachige Ausgabe: *Auf Seelenspitzen*) und *La maison des lumières.* Er hat zahlreiche Literaturpreise erhalten, nicht zuletzt den Prix Goncourt im Jahr 1994 für den Roman *Un aller simple* (deutschsprachige Ausgabe: *Das Findelkind*).

Meine Forschungen über das Leben nach dem Tod hatten das Interesse des bekannten Literaten geweckt und er lud mich zum Mittagessen ein, nachdem ich zum zweiten Mal als Hauptgast in Philippe Bouvards Sendung *Les Grosses Têtes* gewesen war und das Studio von RTL in Paris verlassen hatte. Die Begegnung war für mich ein Moment großer Freude. Didier van Cauwelaert ist ein feinfühliger, kultivierter und sehr bescheidener Mann. Als ich ihn nach seiner Arbeitsweise fragte, vertraute er mir an, dass er, wenn er zu schreiben begann, mitunter mehr als zehn Stunden ununterbrochen an seinem Arbeitstisch saß, ohne zu trinken oder zu

24 Alle zitierten Bücher dieses Autors und die von ihm verfassten Vorworte sind im Literaturverzeichnis aufgeführt.

essen, und sich dabei vom Faden der Geschichte leiten ließ, die seinem Gehirn zu entspringen schien, ohne zu merken, wie viel Zeit vergangen war. Wie ein Medium, das sich des inspirierten Schreibens bedient, entdeckte er erst danach, was er geschrieben hatte.

Ich halte es für wahrscheinlich, dass viele talentierte Künstler ihre Inspiration durch Medialität finden. Dieser Hypothese zufolge wäre die Information nicht in den Neuronen der inspirierten Person eingeschlossen, sondern im Gegenteil außerhalb des Gehirns zu finden – eines Gehirns, das eine direkte Verbindung mit einem Informationsfeld einginge, dessen Quelle weit jenseits unserer kleinen Neuronen liegt.

Eine Bäckersfrau mit ungewollten medialen Fähigkeiten

Der französische Journalist und Schriftsteller Philippe Ragueneau hat zahlreiche Bücher verfasst, die mit paranormalen Phänomenen nichts zu tun haben. Ich muss zugeben, dass ich trotz seiner Bekanntheit noch nie von ihm gehört hatte, bis eine Freundin mir sein Buch *L'autre côté de la vie*[25] empfahl. In diesem Buch erzählt Philippe Ragueneau von einer ungewöhnlichen Erfahrung: Auch nach ihrem Tod kommuniziert seine geliebte Frau Catherine weiterhin mit ihm, wie sie es zu ihren Lebzeiten zu tun pflegte. Der Leser

25 Ragueneau P.: *L'autre côté de la vie*. Paris: Pocket, 2001.

erfährt, welche Botschaften die Verstorbene dem Verfasser übermittelt. Manche dieser Aussagen sind beunruhigend und verstörend, vor allem, als sie ihren Mann bittet, anderen Menschen zu erzählen, was ihr widerfahren ist, „*um*", wie sie sagt, „*den Hoffnungslosen Hoffnung zu geben.*" Ihre letzten Worte sind: „*Wir begehren gegen alles auf, was sich unserem Verstehen entzieht und was uns auferlegt wird. Wenn wir verstehen und akzeptieren, werden wir dankbar.*"

Philippe Ragueneau hat angesichts dieser unglaublichen Beweise lange mit sich gerungen. Als Mann der Vernunft kostete es ihn sehr große Überwindung, das Einbrechen des Unsichtbaren in sein Leben zu akzeptieren und seine außergewöhnliche Erfahrung niederzuschreiben. Durch die Dinge, die Catherine ihm nach und nach andeutungsweise offenbarte, und die Gewissheit, die sie ihm aus dem Jenseits gab, verblasste der Schmerz der Trauer allmählich und was blieb, war die Hoffnung auf eine ewige Liebe.

Ich war in diese wunderbare Geschichte vertieft, als mir ein Gedanke kam, der mich nicht mehr losließ: Ich musste Philippe Ragueneau eines meiner Bücher schicken. Das tat ich unverzüglich, ohne nachzudenken oder zu verstehen, nachdem ich seine Adresse mit erstaunlicher Leichtigkeit herausgefunden hatte. Die Einzelheiten dieser Suche lasse ich aus, glaube aber, dass es sich dabei tatsächlich um Führung[26] handelte.

---

26 Das Wort *Führung* wird hier vom Autor in dem Sinne verwendet, dass das Jenseits die Lebenden unter bestimmten Umständen dazu bringen kann, in ihrem Tun und Handeln bestimmte Entscheidungen zu treffen.

Einige Zeit später erhielt ich einen Brief von Philippe Ragueneau. Er erzählte mir, dass er, als er in einer Bäckerei stand und Brot kaufen wollte, plötzlich seine Hausschlüssel nicht mehr fand. Ohne sagen zu können, woher sie die Information hatte, teilte die Bäckersfrau ihm mit, er habe seine Schlüssel auf dem Briefkasten liegen gelassen. Das war tatsächlich der Fall. Und in dem Paket, das aus dem Briefkasten ragte, befand sich … mein Buch. Ohne diesen Zwischenfall hätte Philippe Ragueneau mein Buch nie gelesen, denn zum Zeitpunkt dieser Ereignisse war er gerade dabei, sein Sommerquartier an der Mittelmeerküste zu beziehen, bevor er sich Catherine wieder anschließen sollte … diesmal für immer. In seinem Brief betonte er noch, dass die Bäckersfrau von ihren Worten selbst am meisten überrascht gewesen war und erklärte hatte: „*Ich weiß nicht, es ist albern … plötzlich hatte ich diesen Satz im Kopf und habe ihn ausgesprochen.*“ Am selben Abend erhielt er die Bestätigung für den medialen Charakter dieser Auskunft, als er Catherine danach fragte, die ihm antwortete: „*Ich habe mich der Bäckersfrau bedient, um dich darüber zu informieren.*“

Philippe Ragueneau schloss seinen Brief an mich mit den Worten: „*Und dennoch sind wir beide im Vollbesitz unserer körperlichen und geistigen Kräfte.*“

Hallo! Von wo? Ah! Aus dem Jenseits!

Pater François Brune ist international bekannt für seine Forschungsarbeit auf dem einzigartigen Gebiet der sogenannten instrumentellen Transkommunikation. Kaum jemand kennt diese Form der Wissenschaft, die versucht, mit Verstorbenen zu kommunizieren, indem sie ihre Stimmen aufzeichnet, obwohl sie von vielen tausend Menschen auf der ganzen Welt genutzt wird. Pater Brune zufolge wird dieses einzigartige Werkzeug der Verbindung mit dem Jenseits unter größter Geheimhaltung von Wissenschaftlern im Vatikan in Rom untersucht.

Als ich von der Existenz der instrumentellen Transkommunikation erfuhr, dachte ich zunächst wie jeder „Leo“, der diesen Namen verdient, dass es sich um eine gewaltige Täuschung handeln musste, die einer Gruppe von blauäugigen Einfaltspinseln oder Scharlatanen vorbehalten war. Heute habe ich meine Meinung radikal geändert, denn eine Reihe tiefgreifender Erfahrungen hat mich zu dem Glauben gebracht, dass das Bewusstsein verstorbener Menschen sich unter ganz bestimmten Bedingungen auf diese Weise ausdrücken kann.

Tatsächlich stehen die Ergebnisse meiner Untersuchungen über das Leben nach dem Tod, denen zufolge das Bewusstsein eine Summe nichtlokaler Informationen ist, die den Körper im Moment des Todes verlassen, in keiner Weise im Widerspruch zu dieser Möglichkeit der Kommunikation. Das Gegenteil ist der Fall. Wie wir bereits gesehen haben, kann sich das Bewusstsein, nachdem es sich vom Organismus des Verstorbenen gelöst hat, problemlos durch die Empfangseinheit im Gehirn eines Mediums ausdrücken. Es ist also keineswegs schockierend, dass diese überwiegend aus Schwingungswellen zusammensetzte Energie auch auf einen Tonträger mit Stimmerzeugung oder über ein elektronisches optisches Relais, das „Phantombilder" erzeugt, übertragen werden kann. Tatsächlich erscheinen plötzlich und zur großen Überraschung der Adressaten manchmal gut erkennbare Bilder verstorbener Menschen auf einem Fernsehbildschirm, wie es bei Friedrich Jürgenson, einem der Pioniere der instrumentellen Transkommunikation, und bei der berühmten Filmschauspielerin Romy Schneider der Fall war, die beide nach ihrem Tod auf diese Weise in Erscheinung getreten sind. Die empfangenen Bilder sind sehr eindrücklich und eindeutig.[27] Die Informationen, die ein Medium durch Hellsichtigkeit oder Hellhörigkeit empfängt, könnten im Fall von instrumenteller Transkommunikation also in aufgezeichnete Töne oder Fernsehbilder übertragen werden. Was wäre logischer?

Ehe ich meine erste Erfahrung mit instrumenteller Transkommunikation machte, war ich bereits Menschen begegnet, die diese Tätigkeit in Vereinen für Trauerbegleitung regelmäßig ausübten. Ich hatte auch das große Privileg gehabt, François Brune zu begegnen, der mir auf Anhieb sehr sympathisch war. Wie hätte man auch nicht große Bewunderung und tiefen Respekt für einen sprachkundigen neunzigjährigen Pater empfinden können, der sich trotz seiner beeindru-

---

27 Sie sind auf den meisten Internetseiten zu sehen, die sich mit diesem Thema befassen.

ckenden wissenschaftlichen und theologischen Kenntnisse eine außerordentlich große Demut vor dem Unerklärlichen bewahrt hatte? Er war ein Mann von außergewöhnlich großer Liebenswürdigkeit und Sanftmut und bereiste die ganze Welt, um mit großer Einfachheit und Begeisterung über die Früchte seiner langjährigen Forschung zu sprechen. Seiner Meinung nach besteht kein Zweifel daran, dass es sich bei den mittels instrumenteller Transkommunikation aufgezeichneten Stimmen um die Stimmen verstorbener Menschen handelt, die sich aus einem Jenseits an uns wenden, das letztlich doch nicht ganz so unzugänglich ist. Sein Buch *Les morts nous parlent*[28] ist zu einem Referenzwerk auf diesem Gebiet und zu einem Bestseller geworden, der in mehrere Sprachen übersetzt wurde. Andere französische Forscher, die sich für dieses Thema interessieren, sind beispielsweise Christophe Barbé, Yves Lines, Jacques und Monique Blanc-Garin oder Monique Simonet. Sie arbeiten in Vereinen[29], die es sich zum Ziel gesetzt haben, trauernden Menschen zu helfen. Allerdings spielt ihre Arbeit in Frankreich immer noch eine sehr untergeordnete Rolle im Gegensatz zu anderen Ländern wie etwa Deutschland oder Italien, die auf diesem Gebiet bereits sehr weit fortgeschritten sind.

Nun aber zurück zu meiner Geschichte. An diesem Tag rief mich Pater François Brune an und bat mich, an einer Sit-

28 Es gibt zahlreiche Ausgaben dieses Buches, das seit 1993 regelmäßig vom Verfasser überarbeitet wurde. Siehe beispielsweise: Brune F.: *Les morts nous parlent (Band 1 und 2)*. Paris: Le Livre de Poche, 2009.

29 Weitere Informationen finden Sie auf folgenden Seiten: www.sourcedevietoulouse.com, www.infinitude.asso.fr oder www.christophebarbe.com.

zung teilzunehmen, die er im Haus seiner Schwester in Caen organisierte, um mittels instrumenteller Transkommunikation mit seinem kürzlich verstorbenen Bruder in Kontakt zu treten. Zu meinem großen Bedauern musste ich die Einladung ablehnen, weil ich eine andere Reise geplant hatte und mein elektronisches Flugticket weder erstattungsfähig noch umtauschbar war. Dabei hatte ich jedoch die Rechnung ohne das unglaubliche Ereignis gemacht, das mir in der dritten Nacht nach seinem Anruf widerfuhr. Mein Schlaf wurde abrupt durch die Nachttischlampe unterbrochen, die dreimal hintereinander aufleuchtete, obwohl sie ausgeschaltet war! Gleichzeitig spürte ich einen Druck an den Füßen, als ob „jemand" versuchen würde, mich zu wecken, und hörte eine Stimme, die mir ins Ohr flüsterte: „Geh nach Caen!" Trotzdem glaube ich, dass ich im Vollbesitz meiner körperlichen und geistigen Kräfte bin, wie Philippe Ragueneau es in seinem Brief an mich ausgedrückt hat … Ich gehe das Risiko ein, für einen echten Spinner gehalten zu werden, wenn ich diese Geschichte erzähle, aber inzwischen bin ich an einem Punkt angekommen, an dem das Risiko nicht mehr allzu groß ist … Meine Frau, die neben mir schlief, wurde durch das Licht geweckt, hörte aber keine Stimme. Da ich glaubte, unter den gegebenen Umständen keine Wahl zu haben, stornierte ich meine geplante Reise, um an diesem besonderen Treffen teilzunehmen. Ja, ich hatte eine „heilige Einladung aus dem Jenseits" erhalten, wie mir Pater Brune erklärte, nachdem er meinen Bericht gehört hatte.

Ich gehe an dieser Stelle nur kurz auf den Ablauf des Ereignisses ein, das am 28. Januar 2007 in Caen stattgefunden hat, weil ich es in meinem Buch *Les preuves scientifiques d'une vie après la vie*[30] bereits ausführlich geschildert habe. Es sei lediglich erwähnt, dass wir mit einigen Freunden und Verwandten von Pater François Brune an diesem Tag die Antworten eines Verstorbenen auf Fragen, die ihm gestellt wurden, mithilfe eines Kurzwellenradios auf einem kleinen Tonbandgerät aufzeichnen konnten! Es war verblüffend, atemberaubend, überwältigend. Mir fehlen die Worte, um diesen Moment zu beschreiben, und die bloße Erinnerung daran verursacht mir bereits eine Gänsehaut. Ja, sogar über den Tod hinaus vermochte der Bruder von François Brune alle unsere Fragen zu beantworten. Was er sagte, war einwandfrei zu verstehen, und die Ausdrücke, die er benutzte, wurden von seinen Verwandten als für ihn typisch erkannt. Seit dieser Zeit habe ich an vielen Sitzungen teilgenommen und konnte mithilfe der instrumentellen Transkommunikation einige Male auch mit meinem am 4. Juli 2006 verstorbenen Vater in Kontakt treten. Der Bann ist jedes Mal ungebrochen.

Die Argumente der Kritiker

Es sei darauf hingewiesen, dass die entschiedensten und härtesten Kritiker der instrumentellen Transkommunikation in den meisten Fällen noch nie im Leben an einer Sitzung teilgenommen haben. Ihre Ablehnung dieses Themas ist so groß, dass sie nicht einmal das kleinste Experiment wagen

30 Charbonier J.-J.: *Les preuves scientifiques d'une vie après la vie.* Paris: Guy Trédaniel, éd. Exergue, 2008 (S. 200-207).

wollen. Ehe ich zum ersten Mal mit instrumenteller Transkommunikation und Medialität in Kontakt kam, dachte ich mehr oder weniger genauso wie sie. Obwohl ich in diesen Dingen völlig unwissend und unerfahren war, hatte ich ihnen gegenüber eine sehr negative Einstellung entwickelt. Ich glaubte nicht eine Sekunde lang daran, dass irgendeine Form von Dialog mit dem Jenseits möglich war, weil ich ihn schlicht und einfach für absolut undurchführbar hielt … ein armseliges Argument, das räume ich ein. Heute macht mich dieser einfältige Glaube betroffen, weil er auf keinen greifbaren Beweisen und somit nicht auf dem gesunden Menschenverstand beruhte.

Trotzdem versuchen einige Kritiker, die instrumentelle Transkommunikation zu diskreditieren, indem sie beweisen wollen, dass die aufgezeichneten Stimmen anderen Quellen als dem Jenseits entspringen. Wie wir sehen werden, können ihre Argumente der Logik nicht standhalten – einer Logik gestützt durch die Ergebnisse von Untersuchungen, die in Forschungseinrichtungen, allen voran im elektroakustischen Labor von Bologna, durchgeführt wurden.

*

Instrumentelle Transkommunikation ist eine Täuschung.

Zahlreiche Wissenschaftler auf dem Gebiet der Elektroakustik, die die aufgezeichneten Stimmen im Labor mit modernsten Mitteln sorgfältig und in allen Einzelheiten untersucht haben, sind sich bis heute darin einig, dass das Phänomen angesichts der aktuell verfügbaren wissenschaftlichen Informationen absolut unerklärlich ist. Meines Wissens war keiner von ihnen in der Lage, die Behauptung zu untermauern, dass es sich um eine Täuschung handelt. Welcher Wissenschaftler hätte schon der Versuchung widerstehen können, selbst den geringsten Beweis für einen Betrug publik zu machen?

Der Gedanke der Irreführung durch eine außenstehende dritte Person kann ebenso ausgeschlossen werden, denn der Betrüger müsste die vom Experimentator benutzte Wellenlänge kennen, müsste Zugang zu einem leistungsfähigen Abhörgerät haben, um die gestellten Fragen beantworten zu können, und müsste nicht zuletzt präzise Angaben machen können, die nur dem Zuhörer bekannt sind.[31]

*

Bei den aufgenommenen Stimmen handelt es sich in Wahrheit um verschiedene Geräusche, die rein zufällig bestimmte Wörter ergeben. Aneinandergereiht ergeben diese Wörter rein zufällig Sätze und diese Sätze können schließlich wiederum rein zufällig zu den gestellten Fragen passen.

Obwohl ich kein Statistiker bin, könnte ich mir vorstellen, dass die Wahrscheinlichkeit, dass so viele Zufälle in so kurzer Zeit – die Aufzeichnung dauert selten länger als etwa zehn Minuten – zusammentreffen, ebenso gering ist wie die

---

31 Riotte J.: *Ces voix venues de l'au-delà*. Paris: Éditions Albin Michel, 2001 (S. 130).

Wahrscheinlichkeit, einen materialistisch denkenden Wissenschaftler zu finden, der spirituell erwacht ist.

*

Der Wortlaut eines mittels instrumenteller Transkommunikation aufgenommenen Satzes wird von einem Zuhörer vorgeschlagen und durch den sich einstellenden Gruppeneffekt daraufhin von den anderen Teilnehmern bestätigt. Der Zuhörer, von dem die Information stammt, behauptet anschließend, dass man ein geschultes Ohr brauche, um eine Botschaft zu entziffern, die für jeden klar und offensichtlich ist, sobald sie einmal ausgesprochen wurde.

Dieses Argument ist nicht stichhaltig, denn in den meisten Fällen hören mehrere Teilnehmer die Botschaft gleichzeitig, ohne dass eine vorherige Absprache möglich war.

*

Unser Gehirn liebt die Logik und wenn es eine Lösung findet, wird die Illusion zur Realität erklärt. Wenn man ihm also eine schriftliche Botschaft vorlegt, ehe man ihm ein Tonband vorspielt, auf dem dieselbe Botschaft wiedergegeben wird, erkennt es sie sofort. Ohne die visuelle Information würde es die Botschaft nie verstehen.

Obwohl es stimmt, dass Botschaften von einem Laien scheinbar wesentlich besser erfasst werden, wenn er die entsprechende Information vorab bereits in visueller oder akustischer Form erhalten hat, so lässt sich doch nicht leugnen, dass die Erkennungsleistung sich verbessert, wenn man im Anhören dieser Aufnahmen geschult ist. Ich habe festgestellt, dass Menschen, die seit mehreren Jahren auf dem Gebiet der instrumentellen Transkommunikation arbeiten, beim Anhören einer Aufnahme gleichzeitig ein und dieselbe Botschaft übermitteln. Suggestion kann hier also keine Rolle spielen.

*

Bei den aufgezeichneten Stimmen handelt es sich um menschliche Stimmen aus zufällig aufgefangenen Radiowellen.

Das ist unmöglich. Menschliche Stimmen schwingen zwischen 80 Hertz bei extrem tiefen und 400 Hertz bei extrem hohen Stimmen, während die mittels instrumenteller Transkommunikation aufgezeichneten Stimmen mit über 1.400 Hertz schwingen können, also eine Frequenz haben, die ein menschliches Stimmband nie erreichen kann. Außerdem könnten zufällig aufgefangene Radioprogramme keine Antworten auf die gezielten Fragen geben, die bei der instrumentellen Transkommunikation gestellt werden.

*

Da wir diese Stimmen niemals analysieren konnten, können wir unmöglich wissen, ob sie von verstorbenen Menschen kommen.

Falsch. Einige der mittels instrumenteller Transkommunikation aufgezeichneten Stimmen wurden analysiert. Ihre Merkmale stimmen zu über 90 % mit den Stimmen überein, die zu Lebzeiten der betreffenden Menschen aufgezeichnet wurden.

*

Die mittels instrumenteller Transkommunikation aufgezeichneten Stimmen sind ein ganz unverhohlener Schwindel. Es ist gar kein Problem, solche Stimmen mit einem Computer zu erzeugen.

Falsch. Nach Ansicht führender Informatikspezialisten sind eine Reihe der in der instrumentellen Transkommunikation erzielten Erfolge noch nicht einmal mit der leistungsfähigsten Software der Welt realisierbar. Dazu zählen insbesondere:

- Die Aufzeichnung *rückwärts gesprochener Stimmen*, die unterschiedliche und perfekt verständliche Botschaften wiedergeben, wenn man das Tonband erst vorwärts und dann rückwärts abspielt. Auf die Frage, wie rückwärts gesprochene Stimmen aus technischer Sicht entstehen können, antwortet Dr. Augusto Beresawkas von der Universität in São Paulo: „Die Entstehung rückwärts gesprochener Stimmen lässt sich hauptsächlich durch das Eingeständnis erklären, dass zwischen unserer Realität und anderen Realitäten eine zeitliche Fluktuation existiert.“[32] Die Mexikanerin Sonia Rinaldi, die sich auf das Hören von mittels instrumenteller Transkommunikation aufgezeichneten Stimmen spezialisiert hat, drückt es unmiss-

32 Lines Y.: *Quand l'au-delà se dévoile*. Agnières: JMG Éditions, 2006 (S. 113).

verständlich aus: „Es gibt aktuell kein mathematisches Verfahren und keine Software, mit denen es möglich wäre, eine zweite Stimme rückwärts über eine erste, ursprüngliche Stimme zu legen und gleichzeitig sicherzustellen, dass beide Stimmen klar verständlich sind.“[33]

- Aufnahmen, die aufgezeichnet wurden, obwohl das Tonband auf Wiedergabe eingestellt war.
- Versetzte Aufzeichnungen auf derselben Tonspur mit jeweils identischen Botschaften.
- Eine Bandaufnahme mit konstanter Geschwindigkeit konnte vier verschiedene Stimmen wiedergeben. Die erste Stimme war mit der Aufzeichnungsgeschwindigkeit hörbar, die zweite Stimme beim Abspielen mit doppelter Geschwindigkeit, die dritte Stimme beim Abspielen mit halber Geschwindigkeit und die vierte Stimme schließlich, als das Band rückwärts abgespielt wurde![34]
- Noch erstaunlicher ist die Tatsache, dass am 5. Dezember 2004 im von Marcello Bacci geleiteten *Centro Psicofonico di Grosseto* fremdsprachige Stimmen, die Botschaften an eine ausgewählte Zuhörerschaft übermittelten, auf einem ausgeschalteten Radiogerät zu hören waren! Bei dieser Sitzung waren alle Vorkehrungen getroffen worden, um Betrug so weit wie nur möglich auszuschließen.[35]

*

33 Barbé C.: *Le langage de l'invisible.* Montaigut-sur-Save: Éditions Kymzo, 2006 (S. 122-123).

34 Brune F.: *Les morts nous parlent.* Paris: Éditions Philippe Lebaud, 2002 (S. 28).

35 Brune F.: *Les morts nous parlent.* Escalquens: Éditions Oxus, Neuausgabe 2006 (Band 2, S. 134-140).

Der Ursprung der mittels instrumenteller Transkommunikation aufgezeichneten Stimmen liegt in sogenannten Restwellen.

Das ist sehr unwahrscheinlich. Restwellen können als Informationsfelder definiert werden, die an bestimmten Orten emittiert werden.

Die Arbeit von Sinesio Darnell hilft uns, das Phänomen besser zu verstehen. Der Wissenschaftler hat gezeigt, dass Orte ein regelrechtes Gedächtnis besitzen, das mithilfe von Tonaufzeichnungen nachgewiesen werden kann. So konnte man beispielsweise in einer verfallenen Einsiedelei im Fürstentum Andorra mehrfach und in einem Abstand von mehreren Jahren das Rosenkranzgebet aufzeichnen. In den Überresten eines verlassenen Hauses in den Pyrenäen wurden die Wehklagen einer Frau aufgenommen, die um Vergebung bat. Sobald man sich sechshundert Meter von der Ruine entfernte, blieb das Aufnahmegerät stumm.

Die mittels instrumenteller Transkommunikation empfangenen Botschaften konzentrieren sich jedoch nicht nur auf die Informationen, die von bestimmten Plätzen ausgehen, da die Sitzungen häufig an Orten stattfinden, die in keiner Beziehung zum Leben der verstorbenen Person stehen. Außerdem sind die Antworten oft von einer Aktualität, die mit der Vergangenheit absolut nichts zu tun hat. Auch wenn dieser Weg natürlich nicht außer Acht gelassen werden darf, erscheint er zu restriktiv, um alle mittels instrumenteller Transkommunikation erzielten Ergebnisse erklären zu können.

*

Die mittels instrumenteller Transkommunikation aufgezeichneten Sätze werden durch das Unterbewusstsein der Person beeinflusst, die die Sitzung leitet. Die elektrischen Signale des Gehirns werden vom Tonband erfasst.

Diese Hypothese ist ebenfalls unwahrscheinlich, denn die instrumentelle Transkommunikation fördert Informationen zutage, die demjenigen, der die Sitzung durchführt, völlig unbekannt sind. Selbst wenn es stimmt, dass das Gehirn telepathische Gedanken aussenden kann, ist nur schwer vorstellbar, wie sie in einen Satz oder in gesprochene Sprache umgewandelt werden können, ehe sie auf einem Tonband aufgezeichnet werden.

Bewusstsein per Telefon

Wenn man dem Schreiben von Marie-Hélène Verdubal glauben möchte, können die Botschaften verstorbener Menschen manchmal auch direkt per Telefon übermittelt werden, ohne dass sie erst aufgezeichnet werden müssen, um sie zu verstehen. Marie-Hélène ist Lehrerin in einem kleinen Dorf in Südfrankreich. Sie steht mit beiden Beinen fest auf dem Boden und hat einen gesunden Menschenverstand. Nachfolgend möchte ich einige Auszüge aus dem Brief wiedergeben, den sie mir geschrieben hat:

[…] Innerhalb von sechs Wochen hat eine rasant fortschreitende Leukämie meinen Mann Francis im Alter von achtunddreißig Jahren hinweggerafft. […] Wir haben uns leidenschaftlich geliebt. Er hat eine junge Witwe von sechsunddreißig Jahren und eine achtjährige Tochter hinterlassen. Für seine Totenwache haben wir zusammen mit meiner Mutter in der Küche Kaffee zubereitet. Als ich das Telefon klingeln hörte, ging ich, um den Hörer abzunehmen, und fragte mich, wer wohl mitten in der Nacht anrief. Danach ging ich in die Küche zurück, vollkommen erschüttert von dem, was ich gerade gehört hatte. Meine Mutter bemerkte es und fragte mich: „Wer war es, was hast du? Du bist ganz bleich." Ich zog es vor, ihr zu sagen, dass jemand sich verwählt habe und dass ich ein wenig müde sei, aber in Wahrheit war es Francis, den ich gerade am anderen Ende der Leitung gehört hatte. Francis, meinen Mann, der zu mir sagte: „Ich bin angekommen, mein Frosch." Ich habe ihn zweifelsfrei erkannt. Er war es. Er gab mir diesen Kosenamen, wenn wir allein waren und mit angezogenen Beinen eng aneinander geschmiegt im Bett lagen. Dann sagte er zu mir: „Spiel den Frosch!" Er war aus beruflichen Gründen viel unterwegs und immer wenn er an seinem Zielort angekommen war, rief er mich an und sagte: „Ich bin angekommen, mein Frosch." Ich hätte nie geglaubt, dass ich diese Geschichte, die ich nicht einmal meiner Mutter erzählen wollte, eines Tages einem Arzt schreiben würde, aber nachdem ich Ihre Bücher gelesen habe, verstehe ich allmählich, dass die „Seele" oder der

„Geist" den Körper im Moment des Todes verlässt und dass der leblose Körper von Francis, der an diesem Abend auf dem Bett in unserem Schlafzimmer lag, nicht mehr als eine leere Hülle war, wie Sie es in Ihren Büchern so schön ausdrücken.

Mein Kollege Dr. John Lerma, der zehn Jahre auf einer Palliativstation am *Texas Medical Center* gearbeitet hat, wäre von diesem beeindruckenden Erfahrungsbericht, der darauf schließen lässt, dass eine telefonische Verständigung nach dem Tod möglich ist, alles andere als schockiert. Und das aus gutem Grund: Er hat dieses seltsame Phänomen mit einer seiner Patientinnen ebenfalls erlebt und es in seinem Buch *Ins Licht*[36] beschrieben.

Dr. Lerma hatte bereits einige Stunden zuvor den Tod von Mary Esther festgestellt, die auf seiner Station in Zimmer 236 gelegen hatte. Er war gerade im Begriff, Isaac, den Sohn der alten Dame, zu verständigen, als im Stationszimmer des Pflegepersonals ein mysteriöser Anruf einging. Er berichtet:

Einige Stunden nach ihrem Tod war ich im Stationszimmer, um nachzufragen, ob sie es geschafft hatten, Marys Sohn zu erreichen, als das Telefon klingelte. Der Rufnummernanzeige zufolge kam der Anruf aus Zimmer 236. Die Schwester nahm den Hörer ab und fragte sich, wer sie wohl aus diesem Zimmer anrief.

---

36 Lerma J.: *Ins Licht: Besuche von Engeln, Visionen vom Leben danach und andere Erlebnisse vor dem Übergang.* Hanau: AMRA, 2012.

Sie sagte: „Kann ich Ihnen helfen?" Sie dachte, Isaac habe das Zimmer vielleicht schon betreten, ohne dass sie ihn gesehen hatte. Sie hörte einen Moment lang zu und schien zunächst verwirrt, dann verängstigt. Sie hielt mir den Telefonhörer hin und gab mir zu verstehen, dass ich zuhören sollte. Als ich den Hörer ans Ohr hielt, hörte ich eine weit entfernte und deutlich vernehmbare Stimme sagen: „Sagen Sie meinem Sohn, dass es mir gutgeht. Sagen Sie meinem Sohn, dass es mir gutgeht." Der Satz wurde mehrmals wiederholt und danach war das Telefon stumm. Die Krankenschwester sagte: „Haben Sie das gehört? War das Mary Esther? Es war genau die Stimme von Mary Esther."

Die Krankenschwester und Dr. Lerma stürzten daraufhin ins Zimmer 236, um festzustellen, ob Mary Esther dort noch immer tot auf ihrem Bett lag. Natürlich hatte sich die alte Dame keinen Millimeter bewegt und war genauso kalt und steif, wie es mehrere Stunden nach ihrem Tod zu erwarten war. Sie hätte also nicht anrufen können und es war sonst niemand im Raum. Der Arzt stellt klar:

Wenn jemand Zimmer 236 nach dem Anruf verlassen hätte, hätten wir es vom Stationszimmer aus gesehen.

Aber damit ist die Geschichte noch nicht zu Ende, denn auf Dr. Lerma wartete noch eine weitere Überraschung. Etwa eine halbe Stunde nach diesem Anruf kam Isaac, der endlich über den Tod seiner Mutter informiert worden war, auf die Station und fragte den Arzt, ob jemand ihr geholfen habe, den Telefonhörer zu halten, damit sie mit ihm sprechen konnte. Die Frage schien logisch, denn das Pflegepersonal, das sich um Mary Esther kümmerte, wusste, dass sie viel zu schwach und deshalb zu dieser Anstrengung nicht fähig gewesen wäre. Als der Arzt den Grund für diese Frage wissen wollte, antwortete Isaac:

> „*Halten Sie mich bitte nicht für verrückt, aber meine Mutter hat mich angerufen und mir gesagt, dass es ihr gutgeht. Sie hat auf meine Rückfragen nicht geantwortet und dann war die Leitung unterbrochen. Ich habe anschließend versucht, im Stationszimmer anzurufen, aber niemand hat abgenommen.*“

Dr. Lerma war fassungslos, denn als Isaac den Anruf erhielt, war Mary Esther bereits geraume Zeit tot.

*

Der angesehene amerikanische Kinderarzt Dr. Melvin Morse erforscht Nahtoderfahrungen bei Kindern. Ich hatte das Vergnügen, ihm in Belgien zu begegnen, denn wir waren beide eingeladen, im Kongresszentrum von Lüttich einen Vortrag zu halten. Ich stellte rasch fest, dass Dr. Morse wie die meisten großen Menschen ein sehr warmherziger und sehr bescheidener Mann war. Wir waren sofort in eine angeregte Unterhaltung über das Leben nach dem Tod und über den Stand unserer jeweiligen Forschungen auf diesem Gebiet vertieft. Der Experte für Nahtoderfahrungen hat, genau wie ich während meiner Zeit im Rettungsdienst, eine persönliche Erfahrung gemacht, die seine Vorstellung von einem Leben nach dem Tod auf den Kopf gestellt hat. Als er nämlich nach einem langen und harten Arbeitstag das Telefon ausgezogen hatte, um wieder etwas Kraft schöpfen zu können, ohne gestört zu werden, war sein Vater ihm mitten in der Nacht erschienen und hatte ihn gebeten, den Anrufbeantworter abzuhören, da er ihm eine wichtige Botschaft zu übermitteln habe. Ohne das geringste Zögern oder den geringsten Zweifel an der Realität dieser erstaunlichen Erscheinung kam Dr. Morse der Aufforderung nach. Tatsächlich befand sich auf dem Anrufbeantworter eine Nachricht, dass er dringend seine Mutter kontaktieren solle. Sie teilte ihm dann mit, dass sein Vater gerade gestorben war.

Nichtlokales Bewusstsein

Die verschiedenen Erfahrungsberichte, die ich analysiert und zusammengefasst habe, haben mich zu dem Schluss gelangen lassen, dass wir anscheinend ein Bewusstsein besitzen, das im Moment des Todes nichtlokal wird, indem es sich vom Körper löst. Es verlässt den Körper vorübergehend im Fall einer Nahtoderfahrung oder für immer im Fall des irreversiblen Todes. Es kann über den Tod hinaus Informationen an mediale Rezeptoren im Gehirn weitergeben, die auch von den bei der instrumentellen Transkommunikation eingesetzten elektronischen oder akustischen Geräten aufgefangen werden können.

Das Gehirn des Mediums übernimmt dieser Hypothese zufolge die Rolle des Empfängers für das Bewusstsein einer verstorbenen Person, die ihm olfaktorische, visuelle, akustische oder taktile sensorische Informationen gibt. Wenn man telepathische Phänomene mit den Phänomenen der Nahtoderfahrung und der Medialität zusammenführt, kann man sich vorstellen, dass das Gehirn tatsächlich ein Sendeempfänger für das Bewusstsein ist.

Künstlerische Begabungen und Besessenheit

Die Informationen, die das Gehirn empfängt, könnten unterschiedlichen Bewusstseinsfeldern verstorbener Personen entspringen. Das wäre nicht nur eine Erklärung für Intuitionen oder von verstorbenen Seelen „eingeflüsterte" Vorahnungen, sondern auch für bestimmte künstlerische Begabungen wie Malerei, Literatur, Bildhauerei oder Musik. Ein Kind, das mit einem höheren Bewusstsein verbunden ist, wäre auf diese Weise beispielsweise fähig, Stücke von Mozart mit fast beunruhigender Leichtigkeit zu spielen oder die Bilder längst verstorbener Meister zu malen. Mehrere solche Fälle sind in der Literatur beschrieben.

Da das Bewusstsein verstorbener Menschen ebenso verschieden ist wie das der Lebenden, wären diese „geistigen Quellen" also nicht unbedingt brillant oder außergewöhnlich talentiert, sondern könnten auch einem dunklen Bewusstsein entspringen, das beispielsweise einen Familienvater auf dramatische und völlig unerwartete Weise zum Vergewaltiger oder Mörder werden lässt. Die Schlagzeilen in den Zeitungen sind voll von solchen Nachrichten. Die Gesellschaft scheint völlig hilflos angesichts solch brutaler und unverständlicher Taten. Unfähig, irgendeine Erklärung für das plötzliche kriminelle Verhalten zu finden, begnügt sie sich damit, die Täter zu langjährigen Gefängnisstrafen zu verurteilen, und lässt die Entstehungsbedingungen dabei völlig außer Acht. Dabei wäre eine einfache Analyse der rechtschaffenen und vorbildhaften Vergangenheit eines Kinderschänders, Mörders oder Serientäters ausreichend, um das Phänomen der „Besessenheit“ als glaubwürdig anzunehmen.

Ein Quellenbewusstsein

Bei dieser Hypothese stünde unser Gehirn ständig mit dem nichtlokalen Bewusstsein verstorbener Personen in Kontakt, die wie unsere Alltagsbeziehungen auf der irdischen Ebene ein mehr oder weniger guter Umgang für uns sind. Es wäre tatsächlich besser, uns nicht mit dem Bewusstsein eines Mörders zu verbinden, sondern mit dem eines Vorfahren, der uns wohlgesonnen ist, oder mit dem eines literarischen Genies.

Es gäbe laut diesem Modell eine Verbindung, die wir zu schätzen wissen sollten, nämlich die Verbindung mit einem höheren Bewusstsein, das mit dem göttlichen Feld gleichgesetzt ist und das man auch als „Quellenbewusstsein“ bezeichnen könnte.

Wenn das Gehirn aller Menschen identisch wäre und in Kontakt mit universellen und konstanten Bewusstseinsfeldern stünde, wären auch unsere Verhaltensweisen identisch, aber das ist nicht der Fall. Wir sind alle verschieden. Das erklärt sich durch die Tatsache, dass die Informationen, die das nichtlokale Bewusstsein (ob höher oder nicht) aussendet, nur kurz und sporadisch an den Rezeptoren in unserem Gehirn ankommen. Intuitionen, Vorahnungen, mediale Kontakte werden „blitzartig" übermittelt. Das Gehirn verarbeitet die Botschaft dann entsprechend seiner Bildung, seiner Erfahrungen, seiner Kultur, seinem Wissen und seiner Spiritualität. Es kann sie ablehnen, verleugnen, vernachlässigen und rasch vergessen oder sie annehmen, integrieren und analysieren, um sein Verhalten zu ändern. Ein Medium ist in der Lage, den Kontakt auszudehnen, um die Botschaften verstorbener Menschen zu übermitteln. Das gilt ebenso für den Künstler, der dort – meist ohne sein Wissen – seine Inspirationsquelle findet, während ein „besessenes" Gehirn sich von einem schadenbringenden Bewusstsein überwältigen lässt.

Wenn man das Funktionsmodell des Gehirns als Sendempfänger für das nichtlokale Bewusstsein übernommen hat, stellt sich die Frage, ob unser Bewusstsein vom Augenblick unserer Geburt an und während unseres gesamten Lebens in einen Zustand der Nichtlokalität eintreten kann, um zeitweilig mit dem „Quellenbewusstsein" zu verschmelzen, oder ob diese Nichtlokalität erst im Augenblick unseres klinischen Todes eintritt, das heißt, genau in dem Augenblick, in dem unser Gehirn nicht mehr funktioniert. Ich würde aus den folgenden Gründen eher zur ersten Hypothese tendieren:

1. Wie wir in Kapitel 4 gesehen haben, finden sogenannte außerkörperliche Erfahrungen nicht nur im Augenblick des klinischen Todes statt.

2. Die großen Entdeckungen wurden nahezu gleichzeitig an verschiedenen Orten der Welt gemacht. Dieses bekannte und unstrittige Phänomen wäre erklärbar, wenn man einräumt, dass mehrere „besondere" Gehirne vielleicht eine von demselben „Quellenbewusstsein" ausgehende Information empfangen haben.

3. Manchmal haben mehrere Menschen gleichzeitig die gleiche Intuition oder Vorahnung oder haben die gleiche Idee oder ergreifen die gleiche Initiative, so als ob sie von einem einzigen Gedanken gelenkt würden. Zwei Menschen können beispielsweise in derselben Sekunde beschließen, genau dasselbe zu tun – einen Einkauf zu tätigen, eine Reise zu unternehmen oder ein Telefongespräch zu führen –, so als ob sie von ein und demselben Quellenbewusstsein beeinflusst würden.

4. Der starke Wunsch, dafür zu sorgen, dass ein bestimmtes Ereignis eintritt, kann mehrere Personen gleichzeitig positiv beeinflussen. Wir alle kennen die populären Sprichwörter, die solche Phänomene aufgreifen, wie etwa „Wo ein Wille ist, dort ist auch ein Weg" oder „Der Wille versetzt Berge." Wenn es uns wichtig ist, dass eine bestimmte Sache geschieht, kann es passieren, dass Menschen uns helfen, das Bedürfnis zu erfüllen, ohne dass wir sie darum bitten müssen. Werden sie vielleicht von einem Quellenbewusstsein dazu angeregt, das

wiederum von dem Bewusstsein gespeist wird, das den betreffenden Wunsch empfindet? Und wissen wir nebenbei gesagt wirklich, woher dieser zwingende Wunsch kommt?

An dieser Stelle möchte ich ein persönliches Erlebnis beitragen. Ich habe 1998 in einer kleinen Klinik in Südfrankreich gearbeitet. Altersentsprechend war ich voller Enthusiasmus und wie alle, die am Beginn ihrer beruflichen Laufbahn stehen, wollte auch ich viele Dinge im Ablauf der Einrichtung verändern. In diesem Jahr standen die Ärzte im Begriff, einen Kollegen zu wählen, der den gerade frei gewordenen Vorsitz des Klinikrats übernehmen sollte. Ich träumte insgeheim davon, diese Aufgabe zu übernehmen, denn sie hätte mir erlaubt, Maßnahmen zu ergreifen, um bestimmte veraltete Abläufe zu reformieren. Damals wagte ich jedoch nicht, mit einem meiner Kollegen darüber zu sprechen, denn da ich meine Stelle erst kurz zuvor angetreten hatte, war ich nicht nur der jüngste Facharzt, sondern verfügte auch über die geringste Erfahrung. Außerdem wusste ich, dass zwei Chirurgen bereits für diesen Posten kandidierten. Dennoch hinderte mein Schweigen mich nicht daran, über das Thema nachzudenken. Ich dachte nicht nur morgens beim Rasieren darüber nach. Ich dachte Tag und Nacht darüber nach! Eines Morgens vertraute mir ein Kollege dann an, dass er für mich stimmen würde, falls ich kandidieren sollte. Am nächsten Morgen machten drei andere Ärzte mir die gleiche vertrauliche Mitteilung, gefolgt von vier weiteren Kollegen am Nachmittag. Nach nicht einmal fünf Tagen hatte ich die absolute Mehrheit erreicht und das, ohne meinen Wunsch überhaupt in Worte gefasst zu haben. Die beiden anderen Bewerber, die Wind von meinen Absichten bekommen hatten, waren wütend. Meine Wahl ging mit einer fast beunruhigenden Leichtigkeit vonstatten und ich hatte den Vorsitz des Klinikrates dreizehn Jahre lang inne. Man kann sich zu Recht fragen, wer oder was den Wunsch gelenkt hat, der von den Rezeptoren im Gehirn meiner Kollegen aufgegriffen wurde. Ein nichtlokales Bewusstsein? Vielleicht, aber welcher Art? Ein … göttliches … Bewusstsein? Wagen wir es, das Wort auszusprechen. Warum nicht?

Das Schreiben von Marie D. gibt ein perfektes Beispiel für dieses Phänomen

> *Als meine Schwiegermutter starb, fühlte ich eine gewisse Gelassenheit nicht nur in der Kirche, sondern auch in den drei oder vier Tagen danach, in denen ich ihre Gegenwart in meiner Nähe spürte, zweifellos, um mich zu trösten. Danach ist sie gegangen. Ich glaube, dass wir alle durch ein Bewusstsein miteinander verbunden sind, das in uns ist und uns umgibt. Wie sonst ließe sich erklären, dass das, worum ich das Universum bitte, eintrifft oder dass ich nur an jemanden zu denken brauche, damit er mich anruft oder ich ihm begegne? Ich habe das Gefühl, dass es eine Verbindung zum Zentrum meines Gehirns gibt, die mich schrittweise in Kontakt mit dem Jenseits bringt, das ich lieber Universum nenne. Ich habe mehrere Bücher ausländischer Wissenschaftler gelesen, um das Phänomen zu verstehen, kann mir aber nicht vorstellen, meinem Arzt*

davon zu berichten. Ich habe andere Gefühle als meine Mitmenschen. Ich hoffe, dass sich die Medizin in Frankreich weiterentwickelt. Passen Sie gut auf sich auf.

5. Es gibt noch ein merkwürdiges persönliches Erlebnis, das die theoretische Existenz eines nichtlokalen Quellenbewusstseins untermauern könnte. Ich benutze hier den Konditional, weil man aus einer isolierten und anekdotenhaften Erfahrung natürlich keine voreiligen Schlüsse ziehen darf. Dieses sonderbare Erlebnis beschäftigt mich jedoch, weil es durch die Hypothese zu erklären wäre, über die wir hier sprechen.

An diesem Tag hatte ich gerade eine Signierstunde eröffnet, als eine junge Frau zu mir kam, um ihr Buch signieren zu lassen. Nachstehend gebe ich aus der Erinnerung heraus das unglaubliche Gespräch wieder, das wir geführt haben.

- *Ich bedaure nicht, dass ich zu Ihrem Vortrag gekommen bin, denn es war sehr interessant und ich glaube, es wird mir sehr helfen. Wie Sie ja wissen, habe ich vor zwei Monaten meinen Mann verloren.*
- *Tatsächlich? Es tut mir sehr leid, aber ich kenne Sie nicht …*
- *Aber ja, ich habe Ihnen über Ihre Internetseite eine Mail geschickt, um Ihnen zu sagen, wie sehr mich Ihr Buch getröstet hat. Der Name, unter dem ich die Mail geschickt habe, war Fifou. Erinnern Sie sich jetzt?*

- *Äh ... nein, ich weiß nicht ... Wissen Sie, ich erhalte viele Mails und kann leider nicht alle beantworten. Habe ich Ihnen geantwortet?*
- *Sie haben etwas viel Besseres gemacht!*
- *???*
- *Erinnern Sie sich nicht an Ihren Anruf gestern Abend?*
- *Meinen Anruf gestern Abend?*
- *Ja, gestern Abend! Sie haben mich auf meinem Handy angerufen, um mir zu sagen, dass Sie hier heute einen Vortrag halten, nicht einmal fünfzig Kilometer von meinem Zuhause entfernt. Sie erinnern sich nicht?*
- *Nein, ich erinnere mich nicht, nein ... Im Übrigen kann ich mich auch gar nicht erinnern, weil ich es nicht getan habe!*
- *Aber Sie waren es! Sie haben mich angerufen, um mich über Ihren Vortrag in Kenntnis zu setzen. Ich habe Ihre Stimme sofort erkannt, weil ich Sie schon mehrmals im Radio und im Fernsehen gehört habe ...*
- *Tatsächlich? Und was habe ich Ihnen gesagt?*
- *Sie waren äußerst kurz angebunden, was mich sehr überrascht hat, denn ohne zu wissen, wer am anderen Ende der Leitung war, sagten Sie: „Ich halte morgen einen Vortrag in Toulon." Dann haben Sie sofort wieder aufgelegt. Es ist ein Glück, dass ich Ihre Stimme erkannt habe und dass ich den Anruf angenommen habe und nicht meine Mutter oder mein Sohn ...*

Ich habe die Nachricht von Fifou tatsächlich in meinem Posteingang gefunden. Sie hat mir darin für meine Arbeit gedankt und mich ermutigt, sie fortzusetzen, mir aber nicht ihre Handynummer gegeben. Ich konnte sie unmöglich auf diesem Weg über meinen Vortrag informiert haben. Puh, ich hatte also keine transiente globale Amnesie erlitten!

Es gibt zwei Möglichkeiten, das Rätsel zu lösen: Entweder ist Fifou eine pathologische Lügnerin – obwohl sie mir körperlich und geistig völlig gesund erschien, erlaubt mir meine Qualifikation als Arzt nicht, diese Hypothese nach einem so kurzen und unter solchen Umständen geführten Gespräch vollständig auszuschließen – oder ihr Telefon wurde benutzt, um eine Information zu übermitteln, die einem mit meinem Bewusstsein verbundenen Quellenbewusstsein entsprang – eine Form von instrumenteller Transkommunikation, die diesmal von einer lebenden statt von einer verstorbenen Person ausging.

Ich habe keine Antwort darauf.

Was wäre aber, wenn dieses aus dem Bewusstsein aller Menschen gespeiste Quellenbewusstsein in der Lage wäre, das Verhalten von Personen zu beeinflussen und sowohl auf die Materie als auch auf die Ereignisse des Lebens einzuwirken?

Was wäre aber, wenn dieses Quellenbewusstsein in der Lage wäre, uns Zeichen für ein Leben über den Tod hinaus zu geben?

Was wäre aber, wenn dieses Quellenbewusstsein das wäre, was die Bewohner der Erde mit Gott bezeichnen?

Verrücktspielende Uhrzeiger

Es kommt gar nicht selten vor, dass Zeitmessgeräte wie Armbanduhren, Stand- oder Wanduhren, Pendeluhren und Wecker genau in dem Moment stehenbleiben, in dem das Herz ihres Besitzers zu schlagen aufhört. Die meisten Pflegekräfte, die im Klinikbereich arbeiten, kennen mindestens eine Geschichte, die dieses wiederkehrende Phänomen beschreibt.

Mein Vater ist am 4. Juli 2006 hinübergegangen, während er seinen Mittagsschlaf hielt. Er ist einfach nicht wieder aufgewacht. Er interessierte sich sehr für meine Forschung auf dem Gebiet von Nahtoderfahrungen, stand der Möglichkeit eines Lebens nach dem Tod aber viel skeptischer gegenüber als ich. Wir hatten eine Vereinbarung getroffen. Da er wusste, dass er sehr herzkrank war, wollte er, falls es tatsächlich ein Leben nach dem Tod geben sollte, mir dies mithilfe der Comtoise-Uhr mitteilen, die in einer Ecke seines Esszimmers stand. Am 4. Juli 2006 blieben die Zeiger der Comtoise-Uhr genau im Moment seines Todes stehen. Selbst wenn es sich um einen reinen Zufall handeln würde, so wäre er trotzdem mehr als verwirrend, da die Uhr vorher noch nie stehengeblieben ist.

In den Berichten von Menschen, die eine Nahtoderfahrung gemacht haben, finden sich neben anderen, ähnlichen

Beschreibungen auch Bilder unterschiedlicher Gegenstände, die für den Lauf der Zeit stehen: ein Abakus, eine Sanduhr oder das Zifferblatt einer Stand- oder Wanduhr. Auch die Geschichte von Marc, der nach einem Verkehrsunfall einen dreißigminütigen Herzstillstand erlitt, weist diese Besonderheit auf:

Ich war von einem Licht der Liebe umgeben und dieses Licht war lebendig. Es sprach mit mir. Mein ganzes Leben wurde mir gezeigt, alles, was ich gut und schlecht gemacht hatte. Es zog im Zeitraffer in allen Einzelheiten an mir vorbei und war überlagert von den Zeigern einer Uhr, die sich in schwindelerregendem Tempo rückwärts drehten. Niemand urteilte über mich. Ich war es, der über alle meine Handlungen urteilte.

Dr. Jean-Pierre Postel berichtete mir in einem Brief von einem sehr merkwürdigen Vorfall, den er gemeinsam mit seinem Sohn in dem Reanimationsraum erlebte, in dem sein eigener Vater im Sterben lag:

Ich stand zusammen mit meinem Sohn am Bett meines Vaters, als sich die Zeiger der Wanduhr plötzlich rasend schnell zu drehen begannen und danach von ganz allein wieder in die normale Position zurückkehrten und die korrekte Uhrzeit anzeigten. Ich weiß nicht, wie und warum es zu diesem Phänomen kommen konnte, aber wir haben es auf jeden Fall nicht geträumt, weil wir es beide gesehen haben.

Ich habe selbst eine erstaunliche Geschichte erlebt, in der es ebenfalls um eine Wanduhr ging, deren Zeiger sich aller Vernunft zum Trotz von allein bewegten. An diesem Tag war ein Team von Journalisten des Senders TF1 in den Operationstrakt der Klinik in Toulouse gekommen, um mich für einen dreiminütigen Beitrag über Nahtoderfahrungen zu interviewen. Der Bericht wurde am 25. August 2010 um 20 Uhr in den Nachrichten ausgestrahlt. Einige Tage später wies mich eine Internetnutzerin darauf hin, dass der Sekundenzeiger der hinter mir sichtbaren Wanduhr sich zum Zeitpunkt des Gesprächs rückwärts drehte. Ich habe sofort auf der Internetseite des Senders nachgeschaut und festgestellt, dass der Zeiger der Uhr sich in der Tat „gegen den Uhrzeigersinn" bewegte. Daraufhin habe ich unverzüglich Dominique Lagrou-Sempère, die Regisseurin dieses Beitrags, kontaktiert und nachgefragt, ob dieser „Spezialeffekt" vielleicht absichtlich eingesetzt wurde, um die rätselhafte Seite des Themas zu unterstreichen. Verblüfft erklärte die Journalistin mir, dass niemand es gewagt hätte, so etwas ohne ihr Wissen zu tun, weil sie für den Filmschnitt verantwortlich war. Eine zufällige Manipulation hielt sie für ausgesprochen unwahrscheinlich, da sie zeitlich genau mit dem kurzen Moment hätte zusammenfallen müssen, in dem die Uhr gefilmt wurde. Medienfachleute haben mir auf Nachfrage mitgeteilt, dass es automatische Verfahren zur Bildumkehrung gibt, um Markennamen unlesbar zu machen, und dass es in solchen Fällen den Anschein haben kann, dass der Sekundenzeiger sich scheinbar in die entgegengesetzte Richtung dreht. Diese Erklärung ist jedoch nicht zufriedenstellend, da ein Spiegelbild auch die Zahlen auf dem Zifferblatt seitenverkehrt zeigen würde, und das ist hier nicht der

Fall. Wenn das Phänomen also nicht die Folge einer filmtechnischen Manipulation ist, muss sich der Sekundenzeiger der Wanduhr im Operationssaal während meines Interviews an diesem Tag tatsächlich in die falsche Richtung gedreht haben. Warum? Wie? Wir müssen einräumen, dass wir noch lange nicht alle Schlüssel zum Verstehen dieser Dinge in den Händen halten. Eines Tages wird das vielleicht der Fall sein …

Wir sollten nicht in die Falle tappen, überall Zeichen aus dem Jenseits zu sehen, aber wenn wir ihnen begegnen, sollten wir sie als Gnade akzeptieren, ohne unbedingt die inneren Mechanismen ihrer Entstehung begreifen zu müssen.

Akzeptieren, ohne zu begreifen, steht im Widerspruch zum wissenschaftlichen Denken, das für alles eine präzise Erklärung finden will. Daher rührt die entschiedene und beharrliche Ablehnung dessen, was üblicherweise immer noch als „paranormal" bezeichnet wird. Dennoch sollten wir die Demut haben zu erkennen, dass wir noch weit davon entfernt sind, mit unserem winzigen Gehirn alles rational erklären zu können. Wir haben bisher ja noch nicht einmal verstanden, wie das Gehirn funktioniert!

Skeptiker und Kritiker sind der Auffassung, dass es keinen wissenschaftlichen Beweis für ein Leben nach dem Tod und somit für die Existenz eines Jenseits gibt, weil die Nahtoderfahrung ein Phänomen ist, das nur von den Betroffenen selbst beobachtet werden kann, und das, was sie berichten, kann natürlich weder im Labor reproduziert noch mit Geräten gemessen werden. Es ist in der Tat kaum vorstellbar, dass ein Intensivmediziner im Reanimationsraum einen komatösen Zustand reproduziert, nur um die Aussagen von Menschen zu sammeln und zu „messen“, die sich freiwillig in diesen Zustand haben versetzen lassen. Da die beiden für einen „wissenschaftlichen“ Beweis unerlässlichen Bedingungen – messbar und reproduzierbar – fehlen, wird das Jenseits nicht als wissenschaftlich erwiesene Realität anerkannt.

Diese Art der Argumentation grenzt das wissenschaftliche Denken auf erschreckende Weise ein, wenn es darum geht, den Nachweis für das zu erbringen, was in den Bereich der Realität gehört. So weiß man heute beispielsweise, dass die Geburt des Universums die Folge eines ungeheuer großen, ebenso fantastischen wie unwahrscheinlichen Zufalls ist. Die ersten Elementarteilchen, die beim Urknall entstanden sind, waren anfänglich zwei gegensätzlichen Kräften unterworfen: der Expansionskraft der ursprünglichen Explosion, die dafür sorgte, dass sie sich voneinander entfernten, und der Gravitationskraft, die sie dazu bringen wollte, in die Ausgangssituation der sogenannten Hyperkonzentration zurückzukehren. Hätte eine dieser beiden Kräfte auch nur um ein Milliardstel geschwankt, hätte sich das Gleichgewicht nicht eingestellt und das Universum würde nicht existieren. Angesichts der Wahrscheinlichkeit eines solchen Zufalls ist die Geburt des Universums nach unserem Wissensstand somit weder reproduzierbar noch messbar. Müssten wir folglich nicht einräumen, dass das Universum nicht existiert?

Fazit

Eine im April 2011[37] veröffentlichte Meinungsumfrage zeigt, dass 1981 nur 35 % der Befragten an ein Leben nach dem Tod glaubten. 2008 waren es 39 %. Das ist ein sehr geringer Anstieg von nur 4 % in 27 Jahren. Auch wenn diese Entwicklung sehr moderat ist, zeigt sie doch, dass dieser Prozentsatz durch Fortschritte in unserem Wissensstand erhöht werden kann. Der Glaube an das Überleben des Geistes nach dem körperlichen Tod kann also nicht auf schlichte Naivität zurückgeführt werden, die – wie oft behauptet wird – einem Mangel an kultureller Entwicklung zugeschrieben werden muss. Das Gegenteil ist der Fall! Wenn man diese Kurve hochrechnet, kann man also annehmen, dass die Menschen 2089 mehrheitlich an ein Weiterleben nach dem Tod glauben. Tatsächlich scheint diese Entwicklung aber weit rascher vonstattenzugehen. Glaubt man den Antworten von 521 Abonnenten eines populärwissenschaftlichen Magazins[38]

37 Die Umfrage wurde durchgeführt von AVRAL (Association pour la recherche sur les systèmes de valeurs).

38 Details zu dieser Umfrage unter www.charbonier.fr in der Rubrik „Revue de presse" (Magazin *Ça m'intéresse*, April 2011).

von Anfang 2011, könnte es sogar einen exponentiellen Anstieg geben, denn bei dieser neuen Erhebung, bei der die gleichen Fragen wie 1981 und 2008 gestellt wurden, glaubten 64 % der befragten Leser, dass der Geist nach dem Tod des Körpers weiterlebt, während 50 % an Reinkarnation und 50 % daran glaubten, dass man mit verstorbenen Menschen kommunizieren kann. Laut dieser Umfrage ist die Zahl der Menschen, die an ein Leben nach dem Tod glauben, in den drei Jahren zwischen 2008 und 2011 mehr als sechsmal so rasch gestiegen wie laut der Umfrage von AVRAL in den siebenundzwanzig Jahren zwischen 1981 und 2008.

Es gibt weitere Indikatoren, die auf ein radikales Umdenken in Bezug auf Nahtoderfahrungen hindeuten, wie die im Mai 2011 erschienene erste Ausgabe einer in Frankreich und in anderen französischsprachigen Ländern vierteljährlich herausgegebenen Zeitschrift mit dem Titel *NDE Magazine* belegt. Ich habe mich bereit erklärt, für jede Ausgabe einen Beitrag zu schreiben. Der Chefredakteur ist zu Recht der Meinung, dass es genügend Neuigkeiten über Nahtoderfahrungen gibt, um die Zeitschrift regelmäßig zu publizieren. Das zeigt, welches enorm große Potenzial diesem Thema innewohnt.

Das eschatologische Denken steht unmittelbar vor einem Paradigmenwechsel und wir stehen am Wendepunkt dieser universellen Erkenntnis.

Das Leben nach dem Tod wird folglich schon sehr bald eine von der Mehrzahl der Menschen akzeptierte Realität sein. Es ist unausweichlich.

Wir haben gesehen, dass es bereits heute gute Gründe – sieben gute Gründe, um genau zu sein – gibt, um an ein Leben nach dem Tod zu glauben. Das einzige Problem besteht darin, sie bekannt zu machen, da Skeptiker und Kritiker die Verbreitung dieser Information – oft aus Unwissenheit – erheblich behindern.

Möge dieses Buch ihnen helfen, auf dem Weg der Erkenntnis voranzuschreiten, der auch und vor allem ein Weg der Toleranz und der Liebe ist. Der Liebe, die, wie wir nun seit über zweitausend Jahren wissen, die stärkste Kraft von allen ist.

Tipps und Erläuterungen

Wenn Ihnen das Buch gefallen hat, stellen Sie es nicht ins Bücherregal, wo es verstaubt, sondern geben Sie es stattdessen an einen „Leo“ weiter.

Wählen Sie unter Ihren Verwandten, Freunden, Bekannten und – ja, warum nicht – Feinden den Menschen aus, der einem Leben nach dem Tod besonders skeptisch gegenüberzustehen scheint, und machen Sie ihm dieses Geschenk.

Schreiben Sie zuvor einige kurze Sätze als Widmung auf die erste Seite und fügen Sie Datum, Ort und Ihre Unterschrift hinzu. Dann warten Sie geduldig …

Falls Sie in den darauffolgenden Tagen, Wochen oder Monaten eine Rückmeldung des Lesers wider Willen erhalten, schreiben Sie mir. Ich sammle für mein nächstes Buch alle Reaktionen in einer persönlichen Statistik.

Vielen Dank im Voraus für Ihre Bereitschaft, meiner Bitte nachzukommen und der „Gabriel“ zu sein, der dazu beiträgt, die Information zu verbreiten.

Erläuterungen zum Erzengel Gabriel

Gabriel ist ein Engel, der im Alten Testament, im Neuen Testament und im Koran erwähnt wird. In den abrahamitischen Religionen kommuniziert Gott mit seinen Propheten entweder durch Engel oder durch Visionen oder Erscheinungen. Gabriel ist in der Bibel und im Koran der Bote Gottes. Im Hebräischen bedeutet *gabar* Kraft und *El* steht für Gott.

In der Bibel wird Gabriel als kräftiger Mann dargestellt und gilt als die linke Hand Gottes.

Im Neuen Testament verkündet er der Jungfrau Maria, dass sie Jesus gebären wird (Evangelium nach Lukas, 1:26-38).

Im Islam ist er unter dem arabischen Namen Dschibril bekannt und übermittelt die Verse des Korans an den Propheten Mohammed.

In einem apostolischen Rundschreiben vom 12. Januar 1951 wurde Gabriel von Papst Pius XII. als der bezeichnet, „der den Sterblichen […] die heißersehnte Botschaft von der Erlösung der Menschheit überbrachte."

Der Gedenktag des Erzengels Gabriel ist der 29. September.

Erläuterungen zu Papst Leo

In der *Grammatica Religiosa* von Abraham a Sancta Clara erfahren wir, dass Papst Leo, als er am Ostersonntag in der Basilika Groß Sankt Marien die heilige Messe feierte und dem Volk die Kommunion reichte, von einer heftigen Fleischeslust ergriffen wurde, nachdem eine Frau seine Hand geküsst hatte. Diese für ihn unerträgliche und schändliche Versuchung brachte den Mann Gottes dazu, die Hand abzuhauen und von sich zu werfen.

Da das Volk zu murmeln und zu fragen begonnen hatte, warum der Papst dem Brauch gemäß nicht erschien, um das hohe Amt zu halten, wandte sich Leo an die Mutter des Herrn und ergab sich ihrer Gnade. Die Jungfrau erschien ihm, setzte mit ihren heiligen Händen die abgehauene Hand wieder an den Ort, an den sie gehörte, und befahl dem Papst, sich öffentlich zu zeigen und allen Menschen zu berichten, was ihm widerfahren war.

Daraufhin wurde auch Leo wie der Erzengel Gabriel zu einem Heiligen, der die frohe Botschaft verkündete.

Gebet an den Erzengel Gabriel

Heiliger Gabriel, Engel der Menschwerdung,
öffne unsere Ohren den sanften Mahnungen
und dringlichen Rufen Gottes.
Bleibe stets bei uns, wir bitten dich,
auf dass wir das Wort Gottes verstehen,
auf dass wir ihm folgen und ihm gehorchen
und das vollbringen, was er von uns verlangt.
Hilf uns, wach zu bleiben,
auf dass, wenn der Herr kommt,
er uns nicht schlafend vorfindet.
Amen.

Nachwort

Von den Quanten über die Psychomaterie bis zum Jenseits

Was wissen wir eigentlich?

Mit großer Freude habe ich das Manuskript von Jean-Jacques Charbonier gelesen. Es ist lebendig, inspiriert, großherzig und zutiefst menschlich. Es hat mich sehr berührt. Ausgehend von Fakten, die uns auffordern, den Tod, die Unsterblichkeit und das Jenseits zu überdenken, überbringt uns der Autor eine echte Botschaft der Hoffnung.

Diese Botschaft wird manche Menschen nachdenklich machen. Sie wird vielleicht einen Schatten des Zweifels auf ihre voreiligen Gewissheiten werfen. Anderen, die trauern oder sich in einer schwierigen Lebenssituation befinden, wird sie Trost bringen.

Was bleibt nach dem Tod von uns übrig? Viele wissen, dass sie es nicht wissen. Sie haben keine Antwort auf diese so wichtige und oft so beängstigende Frage. Viele glauben auch, die Antwort – die *wahre* Antwort, versteht sich – zu kennen.

Das Problem ist, dass diese Antworten unterschiedlich und oft auch unvereinbar sind. Wem soll man also glauben? Was soll man glauben? Wo sind die Beweise?

Heute will uns das in der Gesellschaft vorherrschende materialistische Denken glauben machen, dass die Vernunft den „Beweis" für unsere Sterblichkeit liefert und dass nichts von dem, was uns ausmacht, unseren Tod überlebt.

Dabei sollte uns jedoch klar sein: Es ist nur ein Glaube. Die Vernunft verlangt nicht zwingend materialistisches Denken, das letztlich nicht mehr als eine von vielen unbewiesenen Hypothesen ist.

Wenn es um das Unsichtbare und Unerfahrbare geht, ist die Vernunft von vornherein hilflos. Sie hat keine Möglichkeit, etwas darüber in Erfahrung zu bringen. Sie weiß nicht, ob es eine Seele gibt, die stärker ist als der Tod. Oder ob im Gegenteil am Ende alles ausgelöscht wird, um auf immer zu verschwinden in einem absurden Theater des Vergessens.

Unter diesen wenig ermutigenden Rahmenbedingungen präsentiert Jean-Jacques Charbonier uns mit Genialität und Begeisterung sieben Gründe für ein Leben nach dem Tod. Gestützt auf seine enorm große, im Laufe seiner fünfundzwanzigjährigen Arbeit in der Intensivmedizin gesammelte Erfahrung, die seine Glaubwürdigkeit untermauert, spricht er viele beunruhigende Tatsachen an, die unsere üblichen Vorurteile in Frage stellen und ins Wanken bringen. Einige dieser Tatsachen scheinen sehr stark darauf hinzudeuten, dass der Tod kein Ende, sondern vielmehr ein Übergang ist.

Dennoch möchte ich hier nicht auf die – so heikle und so umstrittene – Frage nach möglichen Beweisen für ein Leben nach dem Tod eingehen. Der Grund dafür ist einfach: Anders als Jean-Jaques Charbonier bin ich kein Fachmann auf diesem Gebiet.

Ich weiß allenfalls von einigen erstaunlichen Phänomenen in meinem Umfeld. Dabei denke ich besonders an Magali, eine Freundin, deren acht Jahre alter Sohn bereits zwei Nahtoderfahrungen gemacht hat. Das Kind nimmt regelmäßig Dinge wahr, die verstorbene Personen betreffen, und spricht darüber. Seine Mutter sah darin lange Zeit nur die frei erfundenen Fantasien eines Kindes mit einer allzu blühenden Vorstellungskraft.

Eines Tages wurde ihr jedoch endlich klar, dass ihr Sohn keinen Unsinn redete, weil er präzise Fakten wiedergab, die er unmöglich wissen konnte. An diesem Tag erkannte sie, dass ihr Sohn keine Lügenmärchen erzählte.

Der Junge besitzt jedoch noch eine weitere außergewöhnliche Eigenschaft: Er ist „verbunden“ oder „angeschlossen“. Es spielt keine Rolle, welche Worte man dafür benutzt. Wichtig ist, dass er Zugang zu Informationen hat, die er nicht wissen sollte. Er hat Zugang zu einer unsichtbaren Welt, in der diese Informationen fließen und gespeichert sind.

Ist diese Welt auch die Welt der Wahrsager, Schamanen, Seher und anderen Medien – sofern es sich nicht um Scharlatane oder andere Betrüger handelt?

Es stellt sich die Frage, ob uns die Wissenschaft darüber Aufschluss geben kann. Könnte es sein, dass eine bestimmte Lesart des aktuellen Standes der Wissenschaft uns helfen kann, den Tod und die verwirrenden Tatsachen zu verstehen, die ihn umgeben und die Jean-Jacques Charbonier in diesem Buch beschreibt?

Ich möchte versuchen, einige Antworten auf diese Frage zu geben.

Zunächst möchte ich betonen, dass die experimentelle Wissenschaft wider Erwarten tatsächlich Wege finden kann, um die Gültigkeit der Erfahrungsberichte von Menschen zu überprüfen, die dem Tod entronnen sind. Das zeigt beispielsweise das von Jean-Jacques Charbonier geschilderte Projekt AWARE. Hier geht es darum, visuelle Zielobjekte vor Patienten zu verstecken, bei denen es während eines chirurgischen Eingriffs möglicherweise zu einer außerkörperlichen Erfahrung kommen kann.

Wenn diese Patienten, wie sie behaupten, trotz Vollnarkose tatsächlich alles, was geschieht, von der Decke des Operationssaals aus sehen, müssten sie auch diese Zielobjekte sehen. Sie müssten später darüber sprechen und sie beschreiben können.

Jean-Jacques Charbonier zufolge scheint dieses seit 2008 laufende Experiment keine positiven Ergebnisse zu bringen. Unabhängig davon, ob es letztlich erfolgreich ist oder nicht, zeigt es aber allein durch seine Existenz, dass bestimmte mit dem Tod und dem Jenseits zusammenhängende Erfahrungsberichte tatsächlich überprüfbar sind.

Es genügt, geeignete Experimente zu entwickeln, die insbesondere die Möglichkeit alternativer Interpretationen ausschließen. Dabei denke ich vor allem an die häufigen Doppeldeutigkeiten bei der Telepathie, von der man weiß, dass sie existiert.[39]

Die experimentelle Wissenschaft ist also nicht vollkommen hilflos, wenn es um „Berichte aus dem Jenseits" geht. Sie kann Wege finden, um wesentliche Aspekte zu überprüfen. Das lässt darauf hoffen, dass sie die Frage, ob es ein Leben nach dem Tod gibt, eines Tages wenigstens zum Teil klären kann.

Einstweilen glaube ich, dass das Leben nach dem Tod ein zu sensibles und emotional viel zu aufgeladenes Thema ist, als dass die Debatten, die es auslöst, mit Ruhe und Gelassenheit

---

39 Zahlreiche Bücher verweisen auf objektive (und statistische) Belege für die Existenz der Telepathie. Dazu gehören vor allem *The conscious universe* von Dean Radin (San Francisco/USA: HarperOne, 2009), *Phénomènes insolites* von Marcel Odier (Lausanne: Éditions Favre, 2007) und die Bücher von Rupert Sheldrake.

geführt werden könnten. Ich möchte mich deshalb gar nicht darauf einlassen. Das gilt umso mehr, weil – wie wir wissen und immer wieder sehen – *für den Gläubigen kein Beweis erforderlich und für den Skeptiker kein Beweis ausreichend ist.*

Die Debatten, die Gläubige und Skeptiker führen, sind nur allzu oft fruchtlose Dialoge, die auf taube Ohren stoßen. Ich ziehe es vor, nicht dazu beizutragen.

Wozu dann also dieses Nachwort? Es soll als kurze Ergänzung zu den Ausführungen von Jean-Jacques Charbonier eine Anregung geben, wie man sich der Frage nach dem Jenseits aus einem ungewöhnlichen Blickwinkel nähern kann. Da dieser Blickwinkel recht theoretisch und abstrakt ist, hoffe ich, dass der Leser nicht allzu enttäuscht sein wird. Es geht dabei um die Psychomaterie, die direkt durch die Quanten beeinflusst wird.[40]

Die Quanten regen durch ihre äußerst bizarren Verhaltensweisen zum Nachdenken an. Zahlreiche populärwissen-

---

40 Der Begriff der Psychomaterie basiert meiner Definition zufolge auf einer grundlegenden Neuinterpretation der Quanten. Quanten und Psychomaterie stelle ich in den Büchern *La nouvelle physique de l'esprit* (Paris: Éditions Le Temps Présent, 2007) und *Les racines physiques de l'esprit* (Escalquens: Édition Quintessence, 2009) vor. Die folgenden Ausführungen sind an diese beiden Bücher, aber auch an meine Texte „Au-delà et physique quantique“ und „Qu'est-ce qui se trame dans l'invisible?“ angelehnt. Der erste Text ist in *La science et les phénomènes de l'au-delà* von Jean-Pierre Girard (Monaco: Éditions Alphée, 2010) enthalten. Der zweite Text ist das letzte Kapitel in *Quantique et inconscient* von Arlette Triolaire (Paris: Éditions Le Temps Présent, 2011).

schaftliche Bücher und Aufsätze befassen sich mit ihnen: Der Leser hat hier die Qual der Wahl.

Von den Quanten zur Psychomaterie

Psychomaterie ist – kurz gesagt – das, was man erhält, wenn man gewöhnliche Materie um ein immaterielles Element ergänzt, das ich als ‚Psi' bezeichne. Da es nur äußerst selten aktiv ist, ist dieses ‚Psi' quasi unentdeckbar und somit unsichtbar. Und weil es zu unauffällig ist, bleibt es weitgehend unbeachtet.[41]

Die Tatsache, dass es sich um ein immaterielles Element handelt, bedeutet, dass seine Merkmale und Eigenschaften nicht denen gewöhnlicher Materie entsprechen. Zufällig und schöpferisch, ist es nicht durch die (relativistische) Raumzeit der Materie beschränkt. Es „sieht" vor allem keine räumlichen Entfernungen, die bedeutungslos für es sind: Es überschreitet sie.

41 Das ‚Psi' darf nicht mit dem Psi verwechselt werden. In der Quantenmechanik ist es üblich, das Wellenpaket oder die Wellenfunktion – auch Zustandsvektor genannt –, die einem Teilchen zugeordnet wird, mit psi (dargestellt durch den griechischen Buchstaben ψ) zu bezeichnen. Das ‚Psi', um das es hier geht, ist etwas völlig anderes. Es bezeichnet ein verborgenes und immaterielles Element der Welt, das dennoch Spuren in der Materie hinterlässt. Diese Spuren sind der indirekte Beweis für seine Existenz. Weitere Informationen finden Sie in den nachfolgenden Ausführungen und in der genannten Literatur.

Auf dieser Grundlage stelle ich die Hypothese auf, dass Materie tatsächlich Psychomaterie ist. Ich behaupte also, dass ein Elektron ein Körnchen ist, das aus Psychomaterie besteht. Es trägt – wie im Übrigen alle Quantenteilchen – ein unsichtbares, immaterielles und zufälliges ‚Psi' in sich, das den physikalischen Teil ergänzt, dessen Determinismen bekannt sind.

Durch das ‚Psi', das meiner Hypothese zufolge in der gewöhnlichen Materie allgegenwärtig ist, dringt die unsichtbare Welt ins Herz der kleinen Materieteilchen vor. Es erscheint ungebeten am Tisch der Quanten und, noch wichtiger, benutzt sie, um in der Welt zu agieren.

Dies hat viele fruchtbringende und potenziell nützliche Auswirkungen, aus denen die klassische Wissenschaft heute jedoch keinen Vorteil ziehen kann, da sie die Existenz des ‚Psi' leugnet oder missachtet.[42]

Das ‚Psi' birgt – und das kann ich begründen – den Schlüssel zu den bizarren Verhaltensweisen der Quanten in sich. Wenn wir es zur gewöhnlichen Materie hinzufügen, die infolgedessen zur Psychomaterie wird, verschwinden die bizarren Verhaltensweisen der Quanten sofort. In diesem

---

42 Die Hypothese der Psychomaterie ist prinzipiell überprüfbar, vor allem in der Physik und den Neurowissenschaften. Wir sollten also eines Tages wissen, ob sie gültig ist oder nicht. Ich möchte noch ergänzen, dass sie in wichtigen technologischen Anwendungen münden wird. Weitere Informationen sind in meinen bereits genannten Büchern *La nouvelle physique de l'esprit* und *Les racines physiques de l'esprit* zu finden.

umfassenderen Rahmen werden sie zu normalen und verständlichen Quantenmerkmalen, die auf die Wirkung des ‚Psi' zurückzuführen sind. Ganz einfach!

Könnte das ‚Psi' – zumindest teilweise – auch den Schüssel zum Geheimnis des Jenseits in sich bergen? Ich bin davon zutiefst überzeugt und es ist diese Frage, mit der ich mich im Augenblick befasse.

Das ‚Psi' ist zufällig, weil es zum Teil *endokausal* ist. Das bedeutet, dass es zeitweilig imstande ist, Entscheidungen zu treffen. Diese Entscheidungen, die autonom getroffen werden und somit per Definition intern oder endogen sind, machen die Endokausalität zu einer endogenen Form des Kausalgesetzes: daher der Name.

Das ‚Psi' zerreißt das deterministische Korsett, in das man die Materie einzwängen zu können glaubte. Es ist schöpferisch und kann spontan die Initiative ergreifen.

Ich möchte an dieser Stelle anmerken, dass ich kein Verfechter des naiven Anthropomorphismus bin, der auch auf die Quanten angewendet wird. Es geht hier selbstverständlich nicht darum, die Quanten oder das ‚Psi' nach psychologischen Gesichtspunkten zu untersuchen. Ich hoffe, dass der Leser sich dessen bewusst ist.

Der Einfachheit halber und um fragwürdige Neologismen zu vermeiden, habe ich ausschließlich gebräuchliche Begriffe (*Wahl, Entscheidung, Initiative …*) verwendet. Das darf allerdings nicht zu Missverständnissen führen. Die Entscheidungen, die das ‚Psi' eines Elektrons letztlich trifft, haben nichts mit den Entscheidungen zu tun, die wir im Laufe unseres Lebens treffen. Sie sind ausgesprochen einfach.[43]

Im Gegensatz zum Determinismus, der objektiv ist, verweist die Endokausalität auf einen höchst subjektiven Inhalt. Dabei ist das ‚Psi', von dem sie ausgeht, subjektiv: Das macht es der Psyche ähnlich. Genau deshalb nenne ich es das ‚Psi' (‚Psi' für Psyche).

Wenn ein Elektron beispielsweise mit notwendigen Entscheidungen konfrontiert ist, wird sein ‚Psi' aktiv.[44] Es greift auf eine Form von Bewusstsein zu, die in diesem

---

43 Die „Entscheidungen", die das ‚Psi' von Quantenteilchen trifft (und die in manchen Fällen als „Messergebnisse" bezeichnet werden), sind sehr begrenzt und in hohem Maße erzwungen. Sie realisieren oder konkretisieren sich am Ende sogenannter „nichteinheitlicher" Entwicklungen, in deren Verlauf die Quantenwellen verschwinden (während sie bei jeder „einheitlichen" Entwicklung erhalten bleiben). Die nichteinheitlichen Entwicklungen atomarer und subatomarer Materie umfassen insbesondere Quantensprünge, Wellenpaket-Reduktionen, inelastische Kollisionen oder Tunneleffekte. Sie sind von großer Bedeutung: Für die Psychomaterie stehen sie im Zentrum der Interaktion zwischen Materie und Geist, nach der die Verfechter des Dualismus – zwei bekannte Vertreter sind beispielsweise René Descartes oder später John Eccles – seit jeher suchen. Weitere Erläuterungen sind in den oben genannten Büchern zu finden.

44 Ein Elementarteilchen wird bei einer großen „Quantenbedrohung" mit notwendigen Entscheidungen konfrontiert. Eine Definition dieses Begriffs ist in den oben genannten Büchern enthalten. Die quantenmechanische Messung veranschaulicht das Prinzip. (An dieser Stelle sei angemerkt, dass ich das Elektron als Beispiel benutze, dass aber alles, was ich über das ‚Psi' sage, allgemeingültig ist. Es gilt unabhängig von den Quanten oder Elementarteilchen, die betrachtet werden: Elektronen, Photonen, Protonen usw.)

Maßstab winzig klein und absolut vernachlässigbar ist. Zu allen anderen Zeiten ist das Elektron – streng deterministisch – wellenförmig. Es ist ein „Wellenpaket". Sein ‚Psi' ist latent, inaktiv und unbewusst. Deshalb ist es nicht nachweisbar.

Das ‚Psi' von Quanten besitzt noch eine weitere sehr merkwürdige und folgenreiche Eigenschaft, nämlich die der Verbundenheit. Das ‚Psi' eines Elektrons ist in dem Sinne verbunden, dass es mit dem ‚Psi' anderer Teilchen zusammenwachsen oder daran anhaften kann, um ein gemeinsames ‚Psi' zu bilden. Es scheint, dass jedes betroffene Teilchen in diesem Fall sein individuelles ‚Psi' verliert, das in einem kollektiven ‚Psi' aufgeht.

Ich bezeichne diese seltsame Eigenschaft der Verbindung, die mit nichts anderem vergleichbar ist, als **Supralität**. Sie zeigt sich durch das Vorhandensein **supraler Bindeglieder**, die das ‚Psi' einzelner Teilchen miteinander verschweißen. Wie für das ‚Psi', aus dem sie hervorgeht, spielt die Entfernung zwischen den Teilchen auch für diese Eigenschaft keine Rolle. Ihre Existenz ist heute unbestritten.

Ein suprales Bindeglied, beispielsweise zwischen zwei Elektronen, gleicht einem unsichtbaren Faden, der zwischen beiden verläuft. Er verbindet das ‚Psi' des einen Elektrons mit dem ‚Psi' des anderen und bei dieser Verschmelzung verlieren beide ihre Eigenständigkeit. Das so entstandene umfassende ‚Psi' ist untrennbar. Es ist gemeinschaftlich. Diese Gemeinschaftlichkeit bedeutet, dass die Entscheidungen der Elektronen jetzt einheitlich und simultan getroffen werden. Das ist so lange der Fall, wie das suprale Bindeglied besteht.

Die Vereinigung der beiden individuellen ‚Psi' zu einer kollektiven Einheit führt zur perfekten Korrelation – oder konzeptionell äquivalenten Antikorrelation – ihrer jeweiligen Entscheidungen, die nicht mehr unabhängig, sondern im Gegenteil harmonisiert erfolgen. In Kombination mit den nichtrelativistischen Merkmalen der Gleichzeitigkeit und der Entfernungsunabhängigkeit macht diese Korrelation es möglich, das Vorhandensein eines supralen Bindegliedes festzustellen und zu überprüfen.

Die Supralität betrifft jede Anzahl und alle Arten von Quantenteilchen (Elektronen, Myonen, Photonen, Neutronen, Protonen usw.). Sie manifestiert sich physikalisch durch das, was man als die Nichtlokalität, Untrennbarkeit oder Verschränkung von Quanten bezeichnet. Diese Vielzahl unterschiedlicher Bezeichnungen spiegelt zweifelsohne das hohe Maß an Verwirrung wider, das sie umgibt.

Wir haben bisher zwei wesentliche Merkmale der Psychomaterie kennengelernt: das ‚Psi' und die Supralität. Eine weitere große Eigenart besteht darin, dass sie ein Stoff mit zwei Gesichtern ist: Sie hat zwei alternative Zustandsformen. Darin gleicht sie der Substanz mit der chemischen Formel H_2O, die entweder als Wasser oder als Eis auftritt. (Eine Zustandsform ist flüssig, wärmer und dichter, die andere ist fest, kalt und weniger dicht. Dieser chemische Stoff existiert natürlich auch im gasförmigen Zustand.)

Bei der Psychomaterie handelt es sich weder um Eis noch um Wasser, sondern um Materie und Paral – so nenne ich ihre beiden Gesichter oder Zustände. Die erste Zustandsform – **Materie** – wird erreicht, wenn das ‚Psi' latent und unbewusst ist. Dann zeigt das Teilchen ein vollständig deterministisches Verhalten. Es ist wellenförmig, stetig und relativistisch.

Die zweite Zustandsform – **Paral** – ist ausschließlich der Psychomaterie vorbehalten. Sie wird erreicht, wenn das ‚Psi' aktiv ist. Für ein isoliertes Teilchen ist das ‚Psi' „protobewusst". Durch die dank der Supralität bewirkte Veränderung des Maßstabs gewinnt es zunehmend an Vielfalt und Komplexität.[45]

Wenn ein Teilchen in den paralen Zustand übergeht, spiegelt dieses Ereignis die Eigenschaften des dann aktiven ‚Psi' wider. Es ist somit zufällig, unstetig und nichtrelativistisch. Das Teilchen gibt in diesem Zustand seinen Wellenaspekt

---

45 Ich verwende die Bezeichnung „protobewusst", um zu unterstreichen, dass das winzige Tröpfchen aktives ‚Psi' oder aktive Psyche, das im paralen Zustand in einem isolierten Teilchen entsteht, dem kurzzeitigen Auftreten eines äußerst geringen Maßes an Bewusstsein entspricht – so gering, dass es praktisch nicht existiert. (Man kann es mit einem einzelnen Photon vergleichen, das nicht ausreicht, um sichtbares Licht zu erzeugen. Dafür ist eine enorm große Zahl an Photonen erforderlich.) Wenn zahllose mittels der Supralität miteinander verschweißte (und somit „supralierte" oder verschränkte) Teilchen dagegen gleichzeitig in den paralen Zustand übergehen, so kann ab einer bestimmten Schwelle echtes Bewusstsein entstehen. Ich formuliere diese Vorstellung wie folgt: ***Das Bewusstsein ist der supralierte parale Zustand.***

auf und nimmt vorübergehend ein korpuskulares Aussehen an.[46]

Nach diesen leider unverzichtbaren Vorbemerkungen komme ich nun zur wesentlichen Frage: In welcher Beziehung steht die Psychomaterie zum Jenseits? Wie wir sehen werden, erlaubt sie uns, nicht nur ein, sondern zwei Jenseits zu unterscheiden.

Es gäbe nach den Quanten also zwei Jenseits! Darauf läuft es in jedem Fall hinaus, wenn man dem von der Psychomaterie vorgezeichneten Weg folgt, der die von Jean-Jacques Charbonier genannten sieben Gründe für den Glauben an ein Leben nach dem Tod um zwei neue Gründe ergänzt.

Das erste Jenseits ist „nahe" oder immanent. Ich nenne es das Metabewusstsein. Im Gegensatz dazu ist das zweite Jenseits „fern" oder transzendent. Ich nenne es den Urgrund.

---

46 Nebenbei sei darauf hingewiesen, dass der Welle-Teilchen-Dualismus der Quantenphysik genau auf den ***Materie-Paral-Dualismus*** der Psychomaterie verweist. (Weitere Erklärungen sind auch hier in den zuvor bereits genannten Büchern zu finden.) Ich möchte hinzufügen, dass jeder vorübergehende Übergang eines Teilchens in den paralen Zustand – den ich als die **parale Phase** bezeichne – einen irreversiblen Charakter aufweist. Dies resultiert aus der endokausalen „Entscheidung", die durch jede parale Phase herbeigeführt wird: Diese Entscheidung ordnet sich zwischen ihr „Davor" und ihr „Danach" ein und macht sie damit inäquivalent. Die Irreversibilität stellt wiederum den paralen Zustand dem materiellen Zustand der einheitlichen, vollständig reversiblen Entwicklungen gegenüber. An dieser Stelle ist festzuhalten, dass jede parale Entscheidung ein – um den berühmten Ausdruck aus dem 1935 von Einstein, Podolsky und Rosen verfassten wissenschaftlichen Artikel zu verwenden – echtes „neues Element der Realität" ist.

Dem Licht zufolge, das die Psychomaterie auf die Quantenwelt wirft, bildet die Gesamtheit der supralen Bindeglieder, die jedes Teilchen im Universum umgeben, ein gigantisches Netz, das ich das **große suprale Gewebe** nenne.

Dieses Gewebe erstreckt sich durch das gesamte Universum. Es ist ein unermesslich großes Netz aus wechselseitiger Abhängigkeit, Verbundenheit, Gemeinschaftlichkeit und Austausch, an dem wir alle mitwirken. Wir empfangen viel von ihm und wir geben ihm viel – fast immer ohne unser Wissen.

Die Supralität verleiht jedem von uns eine schwindelerregende Bedeutung im Unsichtbaren. Mit ihr werden wir zu einem supralen Ich, das unendlich viel größer als unser kleines gewöhnliches Ich ist.

Das **suprale Ich** ist definitionsgemäß das, was aus diesem gewöhnlichen Ich wird, wenn man es um alle supralen Verknüpfungen ergänzt, die es mit anderen Menschen und – ganz allgemein – mit dem großen supralen Gewebe verbinden. Unsere supralen Verknüpfungen oder Bindeglieder verleihen uns praktisch grenzenlose psychische Flügel. Sie machen uns zu wahren Giganten des Unsichtbaren.

Das suprale Gewebe ist ausgesprochen unauffällig, da es aus ‚Psi' besteht, hat aber gleichwohl weitreichende praktische Auswirkungen. Es ist ein telepathisches Netzwerk und beispielsweise imstande, unerklärliche Nah- oder Fernheilungen zu bewirken.[47]

Das suprale Gewebe enthält, speichert und übermittelt Informationen, die seit Anbeginn der Zeit darin ununterbrochen hinterlegt und ergänzt werden. Bei diesen Informationen handelt es sich um suprale Informationen.

Die **suprale Information** resultiert aus – unendlich vielfältigen – Mustern, kollektiv entworfen oder „gewirkt“ von den supralen Bindegliedern, die einander im Gewebe überkreuzen, während sie ihrem Weg folgen, der von einem Teilchen zum anderen verläuft.

Diese Information ist meist unbewusst und unterschwellig wie das ‚Psi‘, auf dem sie beruht. Ein Zustand großer innerer Empfänglichkeit kann jedoch helfen, sie zu hören oder wahrzunehmen. Die Meditation, die den mitunter ohrenbetäubenden Lärm des Verstandes zum Schweigen bringt, fördert diesen Zustand.

---

47 Unerklärlich natürlich in Bezug auf die übliche Hypothese, dass Materie träge ist. Wenn man von der Hypothese der Psychomaterie ausgeht, werden diese ungewöhnlichen – oder paranormalen – Phänomene dagegen durchaus denkbar und erklärbar. Im vorliegenden Fall (einer möglichen positiven Auswirkung auf die Gesundheit) könnte man von „Bio-Psychokinese“ sprechen. Nähere Informationen finden sich außer in den bereits genannten Büchern auch in meinem Text „Paranormal et microphysique: une approche par la psychomatière“, der in *Encyclopédie du paranormal* von Jean-Pierre Girard (Escalquens: Éditions Trajectoire, 2005) enthalten ist. Dr. Larry Dossey hat in diesem Zusammenhang besondere Erwähnung verdient: Er hat den Einfluss von Gebeten auf Heilungsprozesse umfassend untersucht und mehrere Bücher zu diesem Thema veröffentlicht.

Die suprale Information ist eine noch nie da gewesene, vollkommen neue Form der Information. Im Rahmen der *Psychomaterie* ist sie es, die den Schüssel zu den Qualia, den qualitativen und subjektiven Gehalten unserer Erfahrungen in sich birgt.[48]

Im Laufe unseres Lebens erzeugen wir, unser Geist und unser Gehirn eine erhebliche Menge an solchen Informationen. Als Zeugen unserer Erlebnisse verteilen sich die meisten von ihnen dann im großen supralen Gewebe, mit dem wir dauerhaft verbunden sind. Dort bestehen sie fort: Das große unsichtbare und nichtlokale Gewebe speichert die Spuren unserer Erlebnisse – vielleicht für immer.

---

48 Die suprale Information wird im von der Supralität gebildeten ‚Psi'-Feld kodiert und gespeichert. Nichtlokal und unsichtbar, bleibt sie für gewöhnlich unbewusst wie das ‚Psi' selbst. (Sie wird in unterschiedlichem Maße bewusst, wenn die Teilchen der Psychomaterie, die ihr als Träger dienen, gleichzeitig in den paralen Zustand übergehen.) Die Einheit, in der suprale Information gemessen wird, ist das **Suprel** (das einem „Geistpixel" entspricht). Dieses Konzept hat zahlreiche Auswirkungen – die, wie ich glaube, mehrere Bücher füllen würden. Man könnte daraus beispielsweise die Existenz verschiedener „Sphären des Unbewussten" ableiten, die wie die berühmten russischen Holzpuppen ineinander verschachtelt sind. Eine dieser Sphären ist das generationsübergreifende Unbewusste der Psychogenealogie. Die suprale Information bietet zudem eine plausible (und überprüfbare) Lösung für die Rätsel der Qualia und des deklarativen Gedächtnisses. (Ich erinnere an dieser Stelle daran, dass die **Qualia** die fühlbaren Inhalte der subjektiven Erfahrung sind, während das **deklarative Gedächtnis** unsere mentalen Erinnerungen birgt, die von unserem bewussten Erleben herrühren.) Weitere Informationen sind auch hier in den bereits genannten Büchern zu finden.

Unser **Metabewusstsein** ist also die Gesamtheit der supralen Informationen, die im Laufe unseres irdischen Lebens im großen Gewebe hinterlegt werden. Diese Gesamtheit unsichtbarer Spuren ist so etwas wie eine Hülle für alles, was wir erlebt haben – eine dauerhafte, ja sogar gleichsam unsterbliche Hülle.

Unser Metabewusstsein ist das, was nach unserem körperlichen Tod von uns erhalten bleibt. Es macht unsere „immanente Seele" aus – immanent, weil sie sehr eng mit der Psychomaterie und ihren Eigenschaften verbunden ist. Sie schreibt sich in ein immanentes (oder „nahes") Jenseits ein, das vollständig in der unsichtbaren Dimension unseres manifestierten Universums enthalten ist.

In meinem Beitrag zu dem bereits genannten Buch *La science et les phénomènes de l'au-delà* habe ich dazu geschrieben:

> *Gleich einer unsterblichen persönlichen Seele erschafft unser Metabewusstsein einen Raum, in dem die jedem von uns eigene Psyche überleben kann. Es ist das kleine Stückchen Seele, das uns gehört und das in der Seele der Welt aufgeht … für die Ewigkeit, oder beinahe.*

Es könnte übrigens sein, dass wir mitunter Kontakt mit dem Metabewusstsein eines verstorbenen Menschen aufnehmen können. Tatsächlich ist das Metabewusstsein aller Menschen im großen supralen Gewebe miteinander verbunden. Das erlaubt uns, die Möglichkeit einer Kommunikation mit der „Energie der Verstorbenen“ – um einen Ausdruck von Arlette Triolaire zu verwenden – zumindest in Erwägung zu ziehen.

Ein solches Phänomen, das im Rahmen der klassischen Physik unwahrscheinlich ist, wird mit der Psychomaterie denkbar. Es bietet eine plausible Erklärung für die paranormalen Fähigkeiten von Magalis Sohn, die ich weiter oben beschrieben habe.

Meine Hypothese lautet, dass der achtjährige Junge dank seiner ungewöhnlich starken Verbindung mit diesem universellen supralen Gewebe, das uns zusammenbringt und das Metabewusstsein aller Menschen miteinander verbindet, Informationen über verstorbene Menschen empfängt und wahrnimmt. Die Tatsache, dass er selbst Nahtoderfahrungen gemacht hat, kann diese Verbindung nur verstärkt und erweitert haben. (Ich werde an anderer Stelle ausführlicher auf diesen Punkt eingehen.)

Wenn wir die Quantenphysik im Sinne der Psychomaterie interpretieren, erlaubt sie uns also, eine erste Form des Überlebens nach dem körperlichen Tod in Erwägung zu ziehen. Diese erste Ebene des Jenseits ist die Ebene des Metabewusstseins. Sie ist ein achter Grund, um an ein Leben nach dem Tod zu glauben.

Wenn wir diese Überlegungen weiterführen, entdecken wir eine zweite Ebene, die „ferner“ ist, weil sie außerhalb dieser Welt liegt. Es ist die Ebene des *Urgrundes*, über die ich nun sprechen möchte. Sie stellt den neunten Grund dar …

Der Urgrund: das ferne Jenseits

Um den Urgrund zu entdecken und zu definieren und um seine Beziehung zur Psychomaterie zu erfassen, kehren wir für einen Augenblick zu dem zurück, was die grundlegende und prägende Eigenart der Psychomaterie ausmacht: zur Endokausalität.

Für die Psychomaterie gilt, wie ich bereits sagte, dass jedes Quantenteilchen über sein ‚Psi' eine endokausale Instanz aufweist. Die Aussage, dass beispielsweise ein Elektron das Merkmal der Endokausalität besitzt, bedeutet letztlich, dass es dank seines ‚Psi' eine – natürlich rudimentäre – Entscheidungsfähigkeit oder sogar Entscheidungskraft besitzt.

Endokausalität ist eine gewählte (oder freie) und somit endogene Kausalität. Sie tritt konkret als Zufall, genauer gesagt, als Quantenzufall in Erscheinung.

Der Quantenzufall ist in meinen Augen nur die sichtbare Maske der partiellen Endokausalität, die der Psychomaterie innewohnt und sie kennzeichnet. Es erweist sich, dass diese vordergründig unbedeutende Hypothese eine immens große Tragweite hat. Sie kann sehr weit führen: bis an die Grenze der Transzendenz.

In diesem Zusammenhang sei an den wunderbaren Satz von Albert Schweitzer erinnert: *„Der Zufall ist das Pseudonym, das der liebe Gott wählt, wenn er inkognito bleiben will."* Diesen Worten wohnt tiefe Wahrheit inne.

Die Transzendenz ist tatsächlich aufseiten der **Urkausalität** zu suchen, bei der es sich um eine Ausdehnung, eine „natürliche" Erweiterung der partiellen Endokausalität handelt, die ihrerseits in Form eines partiellen Zufalls daherkommt. In einem 2007 veröffentlichten Artikel[49] habe ich dazu geschrieben:

> *Die Urkausalität ist reine oder vollkommene Endokausalität. Sie ist nicht die Endokausalität der Psychomaterie, die nur partiell ist und durch die zahllosen Determinismen begrenzt wird, die sie bestimmen. [...] Die Urkausalität hebt die unüberwindliche Distanz zwischen Sein und Nichtsein auf. [...] Mit ihr werden das Sein und das Nichts zu ... Partnern in einem existenziellen Tanz, in dem alles umkehrbar ist – einschließlich der Tatsache der Existenz und der des Nichtseins. Sie ist, um es in meinen Worten zu sagen, „existibel". [Durch ihre] „Existibilität" [...] ist sie Schöpferin und Selbstschöpferin. Das Urkausale ist, kurz gesagt, ontologisch umkehrbar. Diese entscheidende Eigenschaft bedeutet, dass es sowohl imstande ist, sich in echtes Nichts (nicht den Gesetzen der Physik unterworfen) zu verwandeln, als auch fähig, sich selbst (aus dem absoluten Nichts heraus) zu erschaffen.*

Die Urkausalität überrascht. Sie ist vollkommen atypisch. Sie ist reine, ungehinderte Schöpferkraft. Dieses Merkmal

---

49 Auszug aus einem Artikel, der in Ausgabe 85 der Zeitschrift *3e millénaire* unter dem Titel „La nouvelle physique, le transpersonnel et le divin en nous" erschienen ist.

stellt sie in den Mittelpunkt des Rätsels um das Sein und seine Entstehung. Ihre besonderen Eigenschaften sind wirkmächtig und fruchtbar. Wir können uns ihnen bis zu einem gewissen Grad durch die Logik annähern, die bekanntermaßen die Metaphysik aller möglichen Welten ist: durch die ganz neue Logik der Urkausalität.

Die Urkausalität ist nicht von dieser Welt. Anders als die partielle Endokausalität gehört sie zur Welt der Transzendenz. Sie tritt als eine Art von Schöpferprinzip in Erscheinung: Schöpferin des Universums und ihrer selbst, denn urkausal zu sein bedeutet, absolute Freiheit zu besitzen. Es bedeutet, das zu sein und zu tun, was man zu sein und zu tun entscheidet – ohne äußere Zwänge oder Einschränkungen.

Wie die Urkausalität, das Schöpferprinzip schlechthin, die Möglichkeit eines Urgrundes erschafft, habe ich in einem meiner Texte[50] erläutert:

> *Dieses Prinzip – man könnte versucht sein, es als Gott oder das Göttliche zu bezeichnen – kann ein besonderes Bindeglied zu den Geschöpfen seiner Schöpfung aufrechterhalten. Das kann es tun ... wenn es sich dafür entscheidet.*
>
> *Dieses mögliche Bindeglied ist nicht mehr supral und immanent wie zuvor, sondern urkausal und trans-*

50 Die beiden nachfolgenden Absätze stammen aus meinem bereits genannten Text „Au-delà et physique quantique“ (2010).

zendent. Es besitzt die Fähigkeit, seinen Geschöpfen – vielleicht für die Ewigkeit, aber was bedeutet Ewigkeit in diesem Kontext, in dem der Begriff der Zeit zurücktritt? – ein echtes Leben nach dem Tod zu schenken, denn mit der Urkausalität ist alles möglich. Alles ist denkbar: Alle Möglichkeiten wohnen dem Schöpferprinzip inne.

Das mögliche Überleben dessen, was man als „transzendente Seele" oder ganz einfach als „Seele" bezeichnen könnte, definiert den Urgrund. Er ist eine Möglichkeit, aber keine Gewissheit. Er ist willkürlich und unbestimmbar, da er durch die urkausale Entscheidung erlangt wird, die an sich schwankend und umkehrbar ist.

Der Urgrund ist ein transzendentes Jenseits, das durch die Urkausalität oder reine Endokausalität durchaus denkbar wird. Er ist ein Geschenk. Ein unergründliches und geheimnisvolles Geschenk, dessen Existenz nicht beweisbar ist. […] Er wird durch die „Gnade" einer urkausalen Initiative erlangt. Die Philosophen mögen darüber spekulieren, aber die Wissenschaft wird niemals etwas darüber sagen können. Es steht jedem frei, daran zu glauben oder nicht.

Der Urgrund ist ein „optionales" Jenseits, das die urkausale Ebene – oder das urkausale Prinzip, das der Ursprung von allem ist, was ist – für jeden Menschen nach seinem körperlichen Tod erschaffen kann (oder nicht). Er ist ein „mystisches" Jenseits.

Der Urgrund kann nur mit dem Herzen erfasst und begriffen werden. Antoine de Saint-Exupéry hat es so ausgedrückt: „Man sieht nur mit dem Herzen gut.“ Krishnamurti erklärte: „Die innere Schau tut sich nicht durch das Gehirn auf.“ Erleuchtung und Selbsttransformation finden nicht auf der mentalen Ebene statt. Sie sind Angelegenheiten des Herzens und der bedingungslosen Liebe.

Wenn es einem Menschen gegeben ist, im Urgrund zu überleben, dann wird er unsterblich oder – besser gesagt – *zeitlos*, da der Begriff der Zeit hier jede Bedeutung verliert. Es wird also auch denkbar, dass eine urkausale Verbindung ihm erlaubt, eine besondere Beziehung zu lebenden Menschen aufrechtzuerhalten. Und Kontakt zu ihnen aufzunehmen?

Das Ende des Weges …

Am Ende unterscheiden wir zwei Jenseits. Diese Zahl stellt übrigens nicht zwangsläufig eine Begrenzung dar, denn weitere Hypothesen könnten vielleicht noch andere Denkweisen über das Leben nach dem Tod und das Jenseits hervorbringen. Das lässt mich an Georg Cantor denken, den Mathematiker der Unendlichkeit.

Vor seiner Zeit kannte man nur zwei Formen der Unendlichkeit: die aktuale Unendlichkeit und die potenzielle Unendlichkeit. Seine Arbeit (die seitens seiner Kollegen nur wenig Anerkennung erfuhr) zeigte, dass unendlich viele verschiedene Unendlichkeiten existieren. Sollten wir darüber tatsächlich erstaunt sein? Cantor nannte sie transfinit.

Sie eröffneten ein neues und aufregendes Kapitel in der Geschichte der Mathematik.

Gleichwohl bleibt der Urgrund ein großes Rätsel, weil er uns in den Taumel der Transzendenz stürzt. Tatsächlich trifft ein mögliches „urkausales Prinzip“ oder transzendentes Prinzip – oder vielleicht sogar ein göttliches Prinzip oder Gott? – grundsätzlich die Entscheidungen, die es für wichtig hält.

Niemand kennt seine Entscheidungen, niemand kann die Gesetzmäßigkeiten formulieren, die es betreffen. Das urkausale Prinzip ist seinem Wesen nach unerfahrbar und unermesslich. Es ist, in einem Wort, unbestimmbar. Niemand kann es in eine Schublade stecken oder in einer Gleichung abbilden.

Wir können uns ihm nur mit Demut innerhalb der bescheidenen Grenzen unserer Möglichkeiten annähern.

Es kann sich jedoch dafür entscheiden, Kontakt mit uns aufzunehmen, da ihm alles offensteht. Wäre es möglich, dass manche Menschen in der Lage sind, seine Botschaften zu hören? Ich denke dabei an Menschen mit medialen Fähigkeiten. Ich denke auch an die Metaverbindung, von der Arlette Triolaire in ihrem bereits genannten Buch spricht.

Es handelt sich hier natürlich nur um Hypothesen, die nicht beweisbar sind. In diesem Bereich, in dem die Beweise zweifelhaft oder gar nicht vorhanden sind, ist allergrößte Vorsicht geboten. (Dennoch möchte ich auf den nachstehend beschriebenen, äußerst seltsamen Fall von Pater Pio verweisen.)

Dieser etwas abstrakte Ausflug zeigt uns jedenfalls, dass nichts die Behauptung rechtfertigt, der körperliche Tod sei das Ende des Weges. Mit zwei Jenseits, die sich uns präsentieren, könnte er nur eine Passage, ein Übergang zu anderen Formen der Existenz oder anderen Seinsebenen sein. Diese Vorstellung ist nicht neu. Sie wurde bereits viele Male formuliert.

Ist der Tod das endgültige Ende? Das ist die große Frage, die der berühmte Dichter Victor Hugo so formuliert hat: *„Welches Schmetterlings Raupe ist dies irdische Leben?"*

Wenn der Tod für Kant der Übergang von der Zeit in die Ewigkeit ist, dann ist er vielleicht auch ein Fernster, das sich zum Absoluten hin öffnet. Es gibt keinen Grund, darin das vollständige Verschwinden oder die endgültige Negation des inkarnierten Wesens zu sehen.

Das inkarnierte Wesen überschreitet, wie wir gesehen haben, seine körperliche Hülle durch eine doppelte Verbindung: durch seine suprale Verbindung und durch seine urkausale Verbindung. Die suprale Verbindung erzeugt das Metabewusstsein, während die urkausale Verbindung sich im Urgrund entfaltet.

Beide Verbindungen sind Brücken hin zu einem Jenseits, das von Leben durchtränkt ist. Ist diese Sichtweise nicht eine wunderbare Quelle der Hoffnung und des Sinns?

Obwohl es keine glaubhafte wissenschaftliche Erklärung gibt, deuten interessanterweise ebenso verblüffende wie nachprüfbare Tatsachen darauf hin, dass eine transzendente – und somit eine meiner Auffassung nach urkausale – Dimension sich hier und dort in unserer immanenten Welt manifestiert.

Als Beweis möge – natürlich vorbehaltlich einer eingehenderen Untersuchung – der folgende Sachverhalt gelten.[51]

> *Gibt es Wunder? Meine Antwort lautet ja, und es gibt Belege, die diese Behauptung stützen. Da ist zum Beispiel der Fall von Pater Pio. Der katholische Priester wurde 1887 in Italien geboren, starb 1968 und wurde 2002 heiliggesprochen. Als er 2008 exhumiert wurde, war die Verblüffung groß: Sein Körper, obwohl keiner speziellen Behandlung unterzogen, war einwandfrei erhalten, was allen Gesetzen der Biochemie widerspricht. [...] Es gibt noch weitere nachgewiesene Fälle einwandfrei erhaltener Leichname, die manchmal sogar einen angenehmen Geruch verströmten. Bemerkenswert ist, dass sie alle eine hohe spirituelle Entwicklungsstufe erreicht hatten. Das gilt auch für den berühmten buddhistischen Mönch aus Tibet, Düdjom Rinpoche, dessen Körper in der Mediationsstellung unversehrt erhalten geblieben ist.*

---

51 Dieses Zitat ist eine Zusammenstellung von Sätzen, die zum einen meinem Artikel „Qu'est-ce-que l'information quantique?" (*Sacrée Planète*, Nr. 43, Dez. 2010/Jan. 2011) und zum anderen meinem Interview „La psychomatière: une nouvelle physique de l'esprit" (*Enquêtes de Santé*, Nr. 8, Aug./Sept. 2011) entnommen wurden.

Diese Fälle sind selbstverständlich extrem selten. Der erwähnte angenehme Geruch ist übrigens genau das, was man als den „Duft der Heiligkeit“ bezeichnet. Dieser Ausdruck ist wörtlich zu nehmen!

Zum Schluss möchte ich daran erinnern, dass es verschiedene Möglichkeiten gibt, Tatsachen und Dinge zu betrachten. Man kann sie, wie der heilige Bonaventura sagte, als Objekte oder als Zeichen betrachten. Tatsachen, Objekte oder Zeichen? Gehen diese Zeichen vielleicht manchmal vom Urgrund aus?

Wir wollen diese Möglichkeit nicht voreilig zurückweisen, auch wenn sie unsere Überzeugungen verletzt und unsere vorgefassten Meinungen erschüttert. Erinnern wir uns daran, dass sie einen Schatz in sich trägt, der mit Leben erfüllt ist.

Sie öffnet unser Herz und unseren Geist für eine leuchtende Aussicht: für die verheißungsvolle Aussicht auf die Geheimnisse der Unendlichkeit.

Emmanuel Ransford

Danksagung

Ich danke meiner Frau Corinne für die Geduld, die sie sowohl für meine Arbeit als Anästhesist und Intensivmediziner als auch für meine extrem zeitaufwendige Tätigkeit als Schriftsteller und Vortragsredner aufbringt.

„Wer vierundzwanzig Stunden vor den anderen Recht hat, wird nur vierundzwanzig Stunden lang für verrückt erklärt.“ Wir sind heute bei der dreiundzwanzigsten Stunde angelangt und ich danke von ganzem Herzen den Wissenschaftlern, die es gewagt haben, ihren Ruf aufs Spiel zu setzen, um meine Ideen zu unterstützen. Dr. Olivier Chambon und Emmanuel Ransford haben diesen Mut besessen. Dafür bin ich ihnen unendlich dankbar.

Mein Dank gilt auch Guy Trédaniel und seinem gesamten Team für das Vertrauen, das sie mir durch die Herausgabe von „Risikotexten“ entgegenbringen, sowie meiner Presseagentin Estelle Guerven, die weiß, wie man andere Menschen etwas wissen lässt.

Nicht vergessen möchte ich auch all die „Leos“, die mich inspiriert haben und ohne die dieses Buch niemals entstanden wäre, und all die „Gabriels“, die meist – so wie ich es am Ende meines Medizinstudiums war – ehemalige und reuige „Leos“ sind.

Literaturverzeichnis

Alvarado C. S.: *Out-of-body experiences* in *Varieties of Anomalous Experience: Examining the Scientific Evidence.* American Psychological Association, 2000.

Barbé C.: *Le langage de l'invisible.* Montaigut-sur-Save: Éditions Kymzo, 2006.

–––: *Comment les morts s'expriment.* Montaigut-sur-Save: Éditions Kymzo, 2007.

–––: *Signes de survivances.* Montaigut-sur-Save: Éditions Kymzo, 2009.

Baudouin B.: *Expériences de mort imminente: perceptions d'une vie après la mort.* Nîmes: Éditions De Vecchi, 2010.

Beauregard M., O'Leary D.: *The spiritual brain: a neuroscientist's case for the existence of the soul.* San Francisco/USA: HarperOne, 2008.

Beauregard M., Charbonier J.-J., Dethiollaz S., Jourdan J.-P., Mercier E.-S., Moody R., Parnia S., Van Eersel P., Van Lommel P.: *Actes du colloque de Martigues du 17 juin 2006. Premières rencontres internationales sur l'expérience de mort imminente.* Marseille: S17 Production, 2007.

Benhedi L., Morisson J.: *Les NDE: expériences de mort imminente.* Paris: Éditions Dervy, 2008.

Bessière R.: *Les morts parlent aux vivants: étude du phénomène de l'Antiquité à nos jours.* Escalquens: Éditions Trajectoire, 2005.

Blanke O., Ortigue S., Landis T., Seeck M.: *Stimulating illusory own-body perceptions.* Nature, 2002.

Blanke O., Landis T., Spinelli L., Seeck M.: *Out-of-body experience and autoscopy of neurological origin.* Brain, 2004.

Blanc-Garin M., Blanc-Garin J.: *En communion avec nos défunts: dans l'infinitude de l'amour.* Monaco: Éditions Alphée, 2007.

–––: *L'infinitude de la vie: communication avec les défunts, recherches et preuves.* Monaco: Éditions Alphée, 2009.

Blum J.: *La science devant la survie de l'âme.* Monaco: Éditions Alphée, 2010.

Bouvier H.: *Mission des âmes dans l'au-delà*. Paris: Éditions Le Temps Présent, 2009.

Brune F.: *Les morts nous parlent*. Paris: Le Livre de Poche, 2009.

---: *Les morts nous aiment*. Paris: Éditions Le Temps Présent, 2009.

Canivenq N.: *L'arbre du choix: témoignage d'une initiation à la vie par la mort*. Paris: Éditions Le Temps Présent, 2010.

Charbonier J.-J.: *L'après-vie existe*. Châteauneuf-du-Rhône: CLC, 2006.

---: *La mort décodée: roman initiatique sur les états de conscience modifiés*. Paris: Guy Trédaniel, 2008.

---: *Les preuves scientifiques d'une vie après la vie*. Paris: Guy Trédaniel, éd. Exergue, 2008.

---: *La médecine face à l'au-delà*. Paris: Guy Trédaniel, 2010.

Chateigner K.: *Le nouveau livre des esprits*. Nancy: Cercle Spirite Allan Kardec, 2002.

Chopra D.: *Leben nach dem Tod: das letzte Geheimnis unserer Existenz*. Berlin: Ullstein, 2010.

Coulombe M.: *Les morts nous donnent signe de vie*. Montreal/Kanada: Éditions Edimag, 2005.

Dalai Lama: *Gewagte Denkwege: Wissenschaftler im Gespräch mit dem Dalai Lama*. München: Piper, 2007.

Decker M.: *La vie de l'autre côté*. Paris: Éditions J'ai lu, 2005.

Descamps M.-A.: *Les expériences de mort imminente et l'après-vie*. Escalquens: Éditions Dangles, 2008.

Dethiollaz S., Fourrier C. C.: *États modifiés de conscience: NDE, OBE et autres expériences aux frontières de l'esprit*. Lausanne: Éditions Favre, 2011.

Dray M., Dray Y.: *Karine après la vie*. Paris: Éditions Albin Michel, 2002.

Dron N.: *45 secondes d'éternité: mes souvenirs de l'au-delà*. Montaigut-sur-Save: Éditions Kymzo, 2009.

Eadie B. J.: *Licht am Ende des Lebens: Bericht einer außergewöhnlichen Nahtoderfahrung*. München: Knaur, 2016.

Eccles J. C.: *Wie das Selbst sein Gehirn steuert*. München: Piper, 1996.

Elsaesser-Valarino E.: *Engelchens Land*. Goch: Santiago, 2004.

Fontaine J.: *Médecin des trois corps*. Paris: Éditions J'ai lu, 2005.

Girard J.-P.: *Encyclopédie du paranormal*. Escalquens: Éditions Trajectoire, 2005.

---: *Encyclopédie de l'au-delà*. Escalquens: Éditions Trajectoire, 2006.

---: *La science et les phénomènes de l'au-delà*. Monaco: Éditions Alphée, 2010.

Greyson B.: *Incidence and correlates of near-death experiences in a cardiac care unit*. General Hospital Psychiatry 25(4):269-76, 2003.

Grof S.: *Kosmos und Psyche: an den Grenzen menschlichen Bewusstseins*. Frankfurt am Main: Fischer, 2000.

–––: *The ultimate journey: consciousness and the mystery of death*. Santa Cruz/USA: Multidisciplinary Association for Psychedelic Studies, 2006.

Inexploré: le magazine de l'INREES. Montrouge: Institut de Recherche sur les Expériences Extraordinaires.

Kardec A.: *Das Buch der Medien: Wegweiser für Medien und Anrufende*. Northeim: Lichttropfen-Verlag für Altes Wissen, 2009.

–––: *Das Buch der Geister: Grundsätze der spiritistischen Lehre*. Northeim: Lichttropfen-Verlag für Altes Wissen, 2010.

Kübler-Ross E.: *Was der Tod uns lehren kann*. München: Knaur, 2010.

Lannaud P.: *Témoignages et preuves de survie*. Paris: Éditions Le Temps Présent, 2008.

La Revue de l'au-delà. Paris: Menssana.

Laszlo E.: *Der Akasha-Code: wie das kosmische Bewusstseinsfeld uns beeinflusst*. Petersberg: Via Nova, 2010.

Le Gall J.-M.: *Contacts avec l'au-delà*. Paris: Éditions Fernand Lanore, 2018.

Le Monde du Graal. Montreuil-sous-Bois: Mouvement du Graal.

Lerma J.: *Ins Licht: Besuche von Engeln, Visionen vom Leben danach und andere Erlebnisse vor dem Übergang*. Hanau: AMRA, 2012.

LeShan L.: *The medium, the mystic, and the physicist: toward a general theory of the paranormal*. New York, Allworth Press, 2003.

Lines Y.: *Quand l'au-delà se dévoile*. Agnières: JMG Éditions, 2006.

Martin J.: *Des signes par milliers*. Paris: Éditions Le Temps Présent, 2011.

Maurer D.: *Les expériences de mort imminente: science et croyance face à la survie*. Monaco: Éditions Alphée, 2005.

McTaggart L.: *Intention: mit Gedankenkraft die Welt verändern*. Kirchzarten bei Freiburg: VAK, 2013.

Moody R.: *Leben nach dem Tod: die Erforschung einer unerklärlichen Erfahrung*. Reinbek bei Hamburg: Rowohlt 2011.

–––: *Das Licht von drüben: neue Fragen und Antworten*. Reinbek bei Hamburg: Rowohlt, 2004.

–––: *Zusammen im Licht: was Angehörige mit Sterbenden erleben*. München: Goldmann, 2011.

Morse M.: *Zum Licht: was wir von Kindern lernen können, die dem Tod nahe waren*. München: Goldmann, 1994.

---: *La divine connexion*. Paris: Éditions Le Jardin des Livres, 2013.

---: *Le contact divin*. Paris: Éditions Le Jardin des Livres, 2005.

Morzelle J.: *Tout commence après: mes rencontres avec l'au-delà*. Châteauneuf-du-Rhône: CLC, 2007.

Moulin A.-M.: *Le papillon libéré*. Paris: Éditions Le Temps Présent, 2009.

Murakami K.: *Der göttliche Code des Lebens: ein neues Verständnis der Genetik*. Güllesheim: Silberschnur, 2008.

Parasciences: Actualité des cultures alternatives. Paris: JMG Éditions.

Parnia S., Waller D. G., Yeates R., Fenwick P.: *A qualitative and quantitative study of the incidence, features and aetiology of near-death experiences in cardiac arrest survivors*. Resuscitation 48, 2001.

Prieur J.: *Les morts ont donné signes de vie*. Paris: Éditions Le Temps Présent, 2011.

Ragueneau P.: *L'autre côté de la vie*. Paris: Pocket, 2001.

Ransford E.: *La nouvelle physique de l'esprit: pour une nouvelle science de la matière*. Paris: Éditions Le Temps Présent, 2007.

Rauzy D.: *L'éveil des nouveaux chamans*. Paris: Éditions Guy Trédaniel, 2008.

Rawlings M.: *Jenseits der Todeslinie*. Baden: Christliche Buchhandlung, 1987.

Ring K.: *Den Tod erfahren – das Leben gewinnen*. Bergisch Gladbach: Lübbe, 1988.

Ring K., Cooper S.: *Near-death and out-of-body experiences in the blind: a study of apparent eyeless vision*. Journal of Near-Death Studies, Vol. 16, 1997.

---: *Mindsight: near-death and out-of-body experiences in the blind*. Palo Alto/USA: William James Center for Consciousness Studies, 1999.

Rinpoche S.: *Das tibetische Buch vom Leben und Sterben: ein Schlüssel zum tieferen Verständnis von Leben und Tod*. München: Knaur, 2010.

Riotte J.: *Ces voix venues de l'au-delà*. Paris: Éditions Albin Michel, 2001.

Sabom M.: *Light and death: one doctor's fascinating account of near-death experiences*. Grand Rapids/USA: Zondervan, 1998.

Sheldrake R.: *Sieben Experimente, die die Welt verändern könnten: Anstiftung zur Revolutionierung des wissenschaftlichen Denkens*. Frankfurt am Main: Fischer, 2005.

Thigou S.: *La violence faite à l'esprit: personnes multiples et perversions*. Paris: Qetzal Podi Éditions, 2002.

Van Cauwelaert D: *Das Findelkind*. Berlin: Aufbau-Taschenbuch, 2010.

---: *Auf Seelenspitzen*. Frankfurt am Main: Fischer Taschenbuch, 2015.

---: *La maison des lumières*. Paris: Éditions Albin Michel, 2009.

Van Eersel P.: *Sterben – der Weg in ein neues Leben: auf der Suche nach der jenseitigen Welt*. München: Droemer Knaur, 1991.

Van Lommel P., Van Wees R., Meyers V., Elfferich I.: *Near-death experience in survivors of cardiac arrest: a prospective study in the Netherlands*. The Lancet, Vol. 358, 2001.

Van Lommel P.: *Endloses Bewusstsein: neue medizinische Fakten zur Nahtoderfahrung*. München: Knaur, 2018.

Vermeulen D.: *NDE et expériences mystiques d'hier et d'aujourd'hui*. Paris: Éditions Le Temps Présent, 2007.

Vignaud H.: *En contact avec l'invisible: témoignage d'un médium sur l'au-delà*. Paris: InterEditions, 2011.

Wickland C. A.: *Dreißig Jahre unter den Toten*. St. Goar: Reichl – Der Leuchter, 1991.

Zeidler N.: *Tu seras ma voix: messages de Vladik à sa mère*. Québec/Kanada: Louise Courteau Éditrice, 2010.

Weitere Titel aus dem Verlag Via Nova:

Wenn dein Kind über den Tod sprechen will

Wie wir Kindern Trauer und Abschiednehmen erklären

Dr. Jean-Jacques Charbonier

Klappenbroschur, 128 Seiten, ISBN 978-3-86616-448-2

„Nein, du brauchst wirklich keine Angst vor dem Tod zu haben, denn es gibt ein Leben danach!" „Wirklich?" „Ja, wirklich!" Wäre es nicht wunderbar, wir hätten eine tiefgefühlte Gewissheit, dass es weitergeht nach dem irdischen Sein, und könnten dieses Gefühl auch unseren Kindern vermitteln? Das ist das große Anliegen dieses einzigartigen Lesebuchs von Dr. Charbonier, der jahrzehntelang das Phänomen der Nahtoderfahrungen erforscht hat und seine wertvollen Erkenntnisse nun auch an junge Menschen weitergeben möchte: Sterben und Tod sind nur Übergänge in eine neue Seinsform. Sehr einfühlsam, leicht verständlich, informativ und unterhaltsam zeigt dieses Buch, wie unsere Kinder (aber auch wir als Erwachsene) eine angstfreie Sicht auf den Tod und ein grundlegend neues Verständnis vom Leben erlangen können.

Das Sterben bewusst annehmen

Wie uns Karens Abschied vom Leben auch Hoffnung schenken kann

Karen Speerstra und Herbert Anderson

Klappenbroschur, 288 Seiten, ISBN 978-3-86616-461-1

Wohl selten hat ein Mensch so wahrhaftig und mutig, dabei so konkret und lebendig den Prozess des eigenen Sterbens in all seinen Facetten aufgezeichnet wie Karen Speerstra in diesem, ihrem letzten, so einzigartigen Buch. Nach 10 Jahren Kampf gegen den Krebs bricht sie ihre Behandlung ab, wendet sich ihrem bevorstehenden Tod zu und lässt uns teilhaben an der vielleicht intensivsten Reise, die ein Mensch je antreten kann. Authentisch, offen, ernst und fröhlich schildert sie ihr Erleben, ihre Gedanken, ihre Gefühle. Begleitend vermittelt Co-Autor Herbert Anderson wertvolles Wissen über Palliativmedizin, Hospizpflege und zeitgemäße Sterbebegleitung. Ein einmaliges, ermutigendes Buch, das uns allen zeigt, wie man die letzte Etappe seiner Lebensreise würdevoll und bewusst gestalten kann.